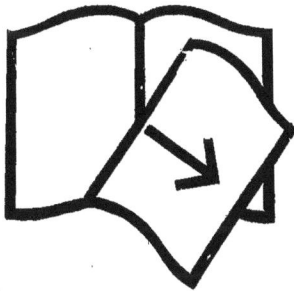

Couvertures supérieure et inférieure
manquantes

DES

MOYENS DE REMÉDIER

AUX

INCONVÉNIENTS DE LA DÉTENTION PRÉVENTIVE

PAR

H. CAPITANT

Professeur agrégé à la Faculté de droit de Grenoble.

GRENOBLE

IMPRIMERIE F. ALLIER PÈRE ET FILS

26, cours Saint-André, 26

1893

Extrait des *Annales de l'Enseignement supérieur de Grenoble*, tome V, n° 1.

DES MOYENS DE REMÉDIER

AUX INCONVÉNIENTS DE LA DÉTENTION PRÉVENTIVE

SOMMAIRE.

INTRODUCTION

1. On a dit souvent que la détention préventive était une fatale nécessité exigée par les besoins de la justice criminelle, qu'elle était le sacrifice indispensable du droit individuel à la liberté de tous. C'est en effet la plus grave des mesures d'instruction, elle frappe l'innocent comme le coupable. On arrête un individu sur de simples soupçons, sur de simples présomptions de culpabilité, et cet emprisonnement provisoire, cet emprisonnement de garde, comme on dit quelquefois par euphémisme, peut se prolonger pendant plusieurs semaines et souvent plusieurs mois. Il n'y a pas de justification possible d'une telle atteinte à la liberté individuelle, tout au plus peut-on l'expliquer en disant qu'elle est nécessaire pour la découverte et la répression des infractions.

Autrefois, la détention préventive constituait la règle de tous les jours, elle était le commencement, le préliminaire de toute procédure criminelle : « Qui ne commencera à la capture, perdra son malfaiteur », disait-on dans notre ancien droit, et même au commencement du siècle, à l'époque où fut rédigé notre Code d'instruction criminelle, son usage était considéré comme indispensable dans la grande majorité des affaires. Ainsi le Code de 1808 n'admettait la liberté provisoire qu'à titre exceptionnel, il la refusait à tous les individus poursuivis pour crime et ne la tolérait qu'autant que le fait incriminé était puni d'une simple peine correctionnelle. Durant le cours de ce siècle, nous avons fait de grands progrès, et nous sommes aujourd'hui plus respectueux de la liberté de chacun. Certes l'incarcération provi.. ..re est encore fréquemment employée par nos magistrats, elle peut encore durer de longs mois[1], mais nous en avons restreint

---

[1] Les statistiques criminelles contiennent des renseignements fort intéressants en matière de détention préventive. Le dernier *Compte général sur l'administration de la justice criminelle* (année 1888) constate que 121,877 inculpés ont été détenus préventivement pendant le cours de cette année. Le chiffre est un peu plus faible

l'étendue d'application, nous avons compris que, dans bien des cas, elle devient inutile ou peut, du moins, être réduite à une durée insignifiante. C'est surtout en matière de flagrant délit et par la loi du 3o mai 1863, en matière aussi de liberté provisoire, que de grandes améliorations ont été apportées.

2. Ce mouvement de réaction contre l'usage de la détention préventive se manifeste partout[1], et plusieurs législations étrangères ont su la restreindre dans d'étroites limites.

---

que celui des années précédentes : en 1887, la détention préventive avait été appliquée à 124,043 inculpés, en 1886, à 126,000, mais il correspond à peu près aux chiffres indiqués pour les années 1881 à 1885.

Sur les 121,000 individus arrêtés en 1888, 21, 065 ont été mis en liberté par le ministère public, et 9,003 ont été, soit déchargés des poursuites par des ordonnances ou arrêts de non-lieu, soit acquittés par les juridictions répressives. Pour les sept dixièmes des individus qui y ont été soumis, la détention préventive a cessé dans la huitaine de l'incarcération ; pour 15,733, soit 13%, elle a duré de neuf à quinze jours ; pour 12,187, soit 10%, de seize jours à un mois ; pour 8,028, soit 7%, plus d'un mois. La statistique de 1888 ne précise pas plus pour ces derniers, elle se contente de dire que la détention a duré plus d'un mois.

Pour les détenus qui ont bénéficié d'un arrêt de non-lieu de la Chambre des mises en accusation, ou ceux qui ont été acquittés par la Chambre des appels correctionnels, le *Compte général* nous donne des renseignements plus précis : sur 140 prévenus déchargés des poursuites par la Chambre des mises en accusation, 32 ont été détenus de deux à trois mois, 26 de trois à six mois, et 8 pendant plus de six mois. De même, sur 204 prévenus acquittés par les Cours d'appel, 104 ont été détenus de un à deux mois ; 21 de deux à trois mois, et 5 plus de trois mois. (*Compte général de 1888*, pp. 84 et 148).

Enfin, pour les accusés qui passent devant la Cour d'assises, la moyenne de la détention préventive varie entre trois et quatre mois : sur 11,034 accusés, 351 ont été jugés dans le cinquième mois de leur détention ; 201 dans le sixième, et enfin pour 371 l'incarcération provisoire a duré plus de six mois.

[1] Voir un article de M. Federico Benevolo dans la *Revista penale*, juillet 1892, p. 5. En attendant qu'on puisse arriver à la suppression totale de la détention préventive, M. Benevolo réclame les réformes suivantes :

1° Exception faite pour la récidive et le vagabondage, la détention préventive ne pourra être employée que si l'inculpé a commis un crime puni d'une peine de plus de douze ans, et s'il y a des indices graves de culpabilité ;

2° La détention préventive ne pourra pas durer plus de quinze jours, sauf le droit

En Angleterre, en Hollande, l'incarcération provisoire de l'individu soupçonné constitue aujourd'hui l'exception ; le Code d'instruction criminelle autrichien énumère dans quels cas cette mesure pourra être prise contre la personne citée, et décide qu'elle ne devra être employée que lorsqu'il y aura flagrant délit, lorsque l'individu aura fait des préparatifs pour prendre la fuite, qu'il aura tenté d'entraver l'instruction, ou enfin qu'il s'agira d'un crime puni de la peine de mort ou de dix ans au moins de réclusion [1]. De même encore, le Code de procédure pénale allemand du 1er février 1877 déclare que la personne mise en état d'accusation ne pourra être détenue que dans certaines hypothèses et pour les crimes les plus graves [2].

3. Il ne suffit pas de restreindre l'application de la détention préventive, il faut encore, quand on est obligé d'y recourir, en diminuer la durée et en atténuer les inconvénients.

Quels sont donc les divers moyens d'arriver à ce résultat et dans quelle mesure notre législation pénale les a-t-elle consacrés ?

Les principaux remèdes contre l'abus de la détention préventive consistent surtout à accélérer la marche de la procédure et à adoucir pour le prévenu le temps d'épreuve qu'on lui impose. Pour cela, il faut limiter la durée des mandats de dépôt ou d'arrêt décernés par le juge, de telle sorte que l'individu ne puisse pas être détenu au delà du temps fixé par la loi ; autoriser dans la plus large mesure la mise en liberté provisoire ; imputer, au cas de condamnation, la détention préventive sur la durée de la peine prononcée ; enfin, lorsque l'inculpé a été renvoyé des fins de la poursuite ou acquitté parce qu'il a pu prouver son innocence, lui accorder, si faire se peut, une indemnité

d'en ordonner la continuation pendant une nouvelle période, par ordonnance motivée. Cette ordonnance pourra même être renouvelée plus d'une fois si on a lieu de craindre la fuite de l'inculpé ou de redouter qu'il ne profite de sa liberté pour entraver la marche de l'instruction, ou enfin, si son élargissement pouvait constituer un danger manifeste pour la sécurité publique.

[1] Code d'instruction criminelle autrichien, art. 175. Traduction Lyon Caen, pp. 83 à 85.

[2] Code de procédure pénale allemand, art. 113.

à titre de réparation du préjudice matériel et moral que l'emprisonnement lui a causé.

Nous allons voir très rapidement dans quelle mesure notre législation pénale a consacré ces divers procédés, nous réservant d'insister
surtout sur les deux derniers : l'imputation de la détention préventive
qui vient enfin d'être consacrée par une loi du 15 novembre 1892,
et la question de l'indemnité à accorder en cas d'acquittement ou
d'ordonnance de non lieu, question qui est actuellement soumise aux
délibérations des Chambres.

4. *Limitation de la durée des mandats.* — Dans la pratique actuelle,
on emploie ordinairement le mandat de dépôt pour maintenir sous la
main de la justice l'inculpé qui a déjà été l'objet d'un mandat de
comparution ou d'un mandat d'amener.

Le juge d'instruction peut aussi décerner un mandat d'arrêt qui
produit à peu près les mêmes effets[1]. Ces deux mandats ont, depuis
la loi de 1865, un caractère simplement provisoire, c'est-à-dire que
le juge peut en donner main-levée au cours de l'instruction. Mais la
loi ne limite pas la durée maximum de la détention qui est la conséquence de l'un de ces deux mandats, l'individu reste à la disposition
de la justice tant qu'il en est besoin. Le projet du Code d'instruction criminelle, depuis longtemps en délibération, se montre plus
soucieux du respect de la liberté individuelle, et il détermine la durée
de la détention qui pourra résulter de la délivrance d'un mandat[2].

---

[1] Loi du 14 septembre 1865 modifiant l'art. 94 du C. Inst. Crim.

[2] Le projet proposé par la commission de la Chambre des députés reconnaît trois
espèces de mandats : Le mandat d'amener, en vertu duquel l'inculpé peut être
retenu vingt-quatre heures en état d'arrestation. A la suite de ce premier mandat, le
juge d'instruction peut délivrer un mandat de dépôt ou un mandat d'arrêt qui mettent
l'inculpé en état de détention préventive. S'il délivre un mandat de dépôt, l'inculpé
ne sera maintenu en état d'arrestation que pendant dix jours, avec faculté pour le
juge de prolonger la détention pendant une nouvelle période de dix jours (art. 108
et 109). Le projet voté par le Sénat permet de maintenir l'individu en détention
pendant quinze jours, au lieu de dix, avec faculté de renouvellement. Enfin, le
mandat d'arrêt, dont l'effet peut durer pendant trente jours, et qui peut toujours
être renouvelé par *ordonnance motivée* du juge d'instruction. (Voir *Rapport Bovier-
Lapierre*, pp. 47 et 48.)

Le projet de réforme apporte encore une sensible amélioration au sort du détenu

5. L'institution de la mise en liberté provisoire est évidemment le meilleur remède contre la détention préventive. La loi du 14 juillet 1865 a réalisé sur ce point un grand progrès, en décidant qu'en *toute matière*, c'est-à-dire, aussi bien en matière criminelle qu'en matière correctionnelle, la liberté peut être accordée avec ou sans caution par le juge instructeur[1], et en accordant, dans certains cas, à l'inculpé le droit de la demander, sans qu'elle puisse lui être refusée[2].

Malgré les dispositions libérales contenues dans la loi du 14 juillet 1865, on s'est souvent plaint que l'usage de la mise en liberté provisoire ne se soit pas généralisé, et que les innovations de cette loi aient été paralysées par la persistance des habitudes des juges d'instruction[3].

Les statistiques criminelles viennent à l'appui de ces critiques. Voici d'abord le rapport publié sur le compte criminel de 1877, qui

---

provisoire, en lui permettant de faire appel des ordonnances du juge d'instruction devant la Chambre du Conseil. Cette institution avait déjà existé dans nos lois, et elle avait été supprimée comme inutile par la loi du 17 juillet 1856, mais la nouvelle Chambre du Conseil créée par le projet diffère beaucoup de l'ancienne. C'est une juridiction absolument indépendante du juge instructeur, chargée de contrôler tous les actes de l'instruction et, en particulier, de décider s'il y a lieu de prolonger la détention et de mettre l'inculpé au secret pendant une nouvelle période de dix jours. Enfin, c'est à elle que l'inculpé doit s'adresser, pendant le cours de l'instruction, pour obtenir sa mise en liberté provisoire.

[1] Il n'y a qu'une exception, à l'égard des prévenus déjà condamnés pour crime et de ceux qui ont déjà subi un emprisonnement de plus d'un an (art. 113, 3e al., I. C.).

[2] Le projet de réforme du Code d'instruction criminelle se contente de reproduire les dispositions de la loi de 1865 en les étendant encore : l'accusé déféré à la Cour d'assises par un arrêt de la Chambre des mises en accusation pourra être mis en liberté provisoire jusqu'à la veille du jour de sa comparution, et même, si la Cour d'assises prononce le renvoi de l'affaire à une autre session, elle pourra encore autoriser l'élargissement de l'accusé.

[3] Garraud, *Précis de Droit criminel*, n° 943 ; Marcy, *L'accusé devant la loi pénale*, p. 171 : « Il est rigoureusement exact d'affirmer qu'en France, de nos jours, la liberté provisoire, dans nos usages judiciaires, n'a rien gagné aux leçons du passé et qu'elle constitue plus que jamais une faveur, et une faveur fort restreinte, dans les cas où cependant elle devrait être un droit strict. Il semblerait qu'elle effraye nos magistrats. »

constate bien que le chiffre des mises en liberté provisoire s'est accru
sensiblement, mais qui ajoute que « l'augmentation correspond uni-
quement à celle des arrestations préventives, et n'implique pas, de
la part des magistrats, une tendance plus marquée à user de la faculté
que leur donne la loi d'abréger la détention préalable par la liberté
provisoire. Le chiffre proportionnel reste, en effet, uniformément de
4 °/₀ ». En 1870, c'était déjà la même proportion. En 1886, c'est
même une proportion plus faible ; sur 129,625 inculpés maintenus
en état d'arrestation préventive, 4.033 seulement, c'est-à-dire moins
de 4 °/₀, ont été mis en liberté provisoire. En 1888, la proportion
diminue encore ; sur 124.807 inculpés, la liberté provisoire n'a été
accordée qu'à 3.406, soit 3 °/₀. Le rapport constate que sur ces
3.406 libérés, 42 seulement ne se sont pas représentés devant la justice quand ils en ont été requis. C'est une constatation importante,
mais qui n'est pas cependant décisive, car les inculpés qui, en petit
nombre, ont profité de la mise en liberté, devaient offrir de sérieuses
garanties[1].

6. *Régime de la détention préventive.* — Il s'agit surtout ici
d'adoucir l'emprisonnement qu'on impose au prévenu, et d'empêcher
son contact avec les autres inculpés et les individus déjà condamnés.
Le Code d'instruction criminelle prescrivait de garder les prévenus ou
accusés dans des maisons d'arrêt et des maisons de justice entière-
ment distinctes des prisons établies pour peines. On sait qu'en fait
et par suite de nécessités pratiques, cette séparation entre les
établissements pénitentiaires n'existe pas. Les prévenus sont ordinairement détenus dans les maisons départementales où sont enfermés
les condamnés à l'emprisonnement (jusqu'à un an). Il est vrai que la

---

[1] Le rapport explique la diminution des cas d'application de la mise en liberté
provisoire par la réduction de la détention préventive, mais c'est une explication
insuffisante, puisqu'il y a eu encore 124,800 détenus en 1888. Il est vrai qu'il
faut tenir compte de l'augmentation constante des récidivistes pendant ces dernières
années ; or, c'est une catégorie d'inculpés pour lesquels il ne peut être question de
liberté provisoire. Il n'en est pas moins surprenant que la mise en liberté soit d'une
application si restreinte : sur 124,800 inculpés, 3,400 seulement en ont profité, et
pourtant, d'après la statistique, 9.003 ont été déchargés des poursuites ou acquittés.

plupart de ces prisons contiennent un quartier spécial et séparé pour les premiers[1].

La loi du 5 juin 1875 a cherché à améliorer la situation des prévenus et des accusés en les soumettant à l'emprisonnement individuel, mais on sait que l'application de cette loi a été entravée par l'état de nos prisons départementales qui étaient presque toutes construites pour l'emprisonnement en commun[2].

7. Voilà donc toute une série de mesures qui peuvent servir à atténuer la rigueur de la détention préventive, et nous venons de voir dans quelle proportion notre législation actuelle les applique. Mais il reste deux grands remèdes qui diminuent beaucoup les inconvénients de cette détention et les font presque disparaître.

La détention préventive peut se terminer de deux façons : ou bien le prévenu est condamné par les tribunaux, ou bien il est renvoyé des fins de la poursuite, soit par une ordonnance du juge d'instruction, soit par une décision du tribunal. Dans le premier cas, on peut tenir compte de l'emprisonnement préventif que le condamné a déjà subi et diminuer d'autant la durée de la peine prononcée contre lui. Dans le second cas, on a proposé d'accorder au prévenu injustement poursuivi une réparation qui consisterait en une indemnité destinée à compenser le préjudice que lui a causé sa détention. Ce sont ces deux remèdes que nous voulons spécialement étudier. On a l'habitude de les présenter comme inséparables et découlant pour ainsi dire l'un de l'autre ; mais il n'y a pas entre eux de corrélation forcée en législa-

---

[1] Il résulte du rapport de M. Dubois, député, à propos du projet de loi sur la réforme des prisons de courtes peines (adopté par le Sénat le 1er juillet 1889) que, dans certaines prisons, il y a encore promiscuité complète entre les prévenus et les condamnés, la séparation par quartiers n'existant même pas.

Le travail est toujours facultatif pour les prévenus et les accusés. Ils sont libres de faire venir des vivres du dehors, de garder leurs vêtements personnels, de correspondre et de recevoir des visites dans des conditions déterminées et sauf approbation de l'autorité judiciaire à la disposition de laquelle ils sont maintenus. (Organisation des services pénitentiaires, *Bulletin de la Société des Prisons*, 1886, p. 306.)

[2] La loi sur la réforme des prisons de courtes peines a été promulguée le 4 février dernier. (*Journal officiel* du 5 février.)

tion. Du reste, le premier, l'imputation de la détention préventive, vient d'être adopté par une loi récente du 15 novembre 1892, tandis que le second, actuellement soumis aux discussions des Chambres, n'est encore qu'à l'état de projet.

Étudions d'abord l'imputation de la détention préventive sur la durée de la peine, puisqu'elle est aujourd'hui définitivement consacrée par notre législation pénale.

I

Imputation de la détention préventive sur la durée des peines prononcées.

8. Rien ne paraît plus juste que de prendre en considération le temps que le condamné a passé en prison avant que la condamnation ait été prononcée et soit devenue irrévocable, et de le précompter sur la durée de la peine qu'il a encourue. Rien ne paraît plus juste, surtout quand on a constaté, qu'en fait, le régime de la détention préventive diffère très peu du régime de l'emprisonnement correctionnel. Cependant il a fallu de longues années pour introduire cette réforme dans nos lois, et les tentatives faites à plusieurs reprises dans le cours du siècle avaient toujours échoué.

9. Le Code pénal ne tenait aucun compte de l'emprisonnement préventif, et l'ancien article 23, qui fixait le point de départ des travaux forcés à temps et de la réclusion, déclarait que leur durée devait se calculer à partir du jour de l'exposition du condamné. Quant à l'emprisonnement correctionnel, le Code ne renfermait aucune disposition spéciale, mais la jurisprudence décidait que la peine ne pouvait commencer à courir qu'autant que la condamnation était devenue définitive.

C'est en 1832, au moment de la grande réforme de notre législation pénale, que le système de l'imputation fut pour la première fois proposé. « De vives réclamations, disait le rapporteur M. Dumont, s'élèvent depuis longtemps contre l'injustice de ne compter en rien dans la durée de la peine l'emprisonnement préalable, qui, souvent, en a excédé la durée. » Cependant le projet avorta en partie, mais deux modifications furent apportées aux articles 23 et 24 du Code pénal. La loi du 28 avril 1832 fixa d'abord d'une façon expresse le point de départ des peines temporaires en décidant (article 23) que leur durée compterait du jour où la condamnation serait devenue irrévocable, c'est-à-dire du jour où elle ne pourrait plus être attaquée. Donc, la détention préventive antérieurement subie par le condamné ne lui profitait pas, sa peine ne commençait en réalité qu'après sa condamnation devenue définitive. Ce principe rigoureux fut strictement appliqué aux peines criminelles, parce que, dit-on, le simple emprisonnement de garde différait trop du régime des travaux forcés et de la réclusion pour que l'on pût les assimiler et précompter le temps passé en prison préventive sur la durée de ces peines. Quant à l'emprisonnement correctionnel, la loi de 1832 admit un léger tempérament et fit au système de l'imputation une concession bien mince en réalité. L'article 24, modifié par cette loi, suppose que le condamné à l'emprisonnement se trouve en état de détention préventive au moment de sa condamnation, et distingue suivant qu'il a accepté la sentence prononcée contre lui, ou l'a au contraire contestée et attaquée, soit par la voie de l'appel, soit devant la Cour de cassation.

Dans le premier cas, la peine commence à courir du jour du jugement ou de l'arrêt, nonobstant l'appel ou le pourvoi du ministère public et quel que soit le résultat de cet appel ou de ce pourvoi. Le condamné ne doit pas souffrir des lenteurs de la justice puisqu'il accepte avec soumission la condamnation prononcée contre lui.

Si, au contraire, le condamné a fait appel ou s'est pourvu en cassation, c'est le résultat de ce recours qui montrera s'il a eu tort ou raison de prolonger la durée du procès. Sa condamnation a-t-elle été réduite par la seconde sentence, la durée de la peine comptera alors du jour du premier jugement ou du premier arrêt. Au contraire, le condamné a-t-il échoué dans son appel ou son pourvoi en cassation, le retard apporté à la solution de l'affaire lui est imputable et la durée de la peine ne commence à courir qu'à partir du jour où son recours a été définitivement rejeté.

Ces distinctions consacrées par le texte de l'article 24 donnaient lieu à d'assez nombreuses difficultés d'interprétation.

10. Ainsi, la réforme de 1832 n'avait tenu compte que dans une bien faible mesure de la détention préventive, puisque l'imputation n'avait lieu qu'autant qu'il s'agissait d'une condamnation à l'emprisonnement, et que cette imputation ne pouvait s'appliquer qu'à la période de détention préventive postérieure à la condamnation. La loi ne prenait pas en considération la partie la plus importante, la plus longue, la plus dure de l'emprisonnement provisoire, celle qui commence à l'arrestation et va jusqu'à la comparution en justice.

11. La réforme, qui avait échoué en 1832, fut de nouveau tentée en 1865, lors de la discussion de la loi sur la mise en liberté provisoire. Un amendement fut proposé par MM. Jules Favre, Marie, Ernest Picard, tendant à faire introduire le système de l'imputation dans la loi nouvelle; il fut encore repoussé. Et pourtant, les principales objections que l'on fit valoir à ces diverses époques contre l'adoption du projet de réforme n'ont pas grande valeur; et elles n'ont arrêté ni la Chambre, ni le Sénat, lors de la discussion de la loi de 1892.

« Malgré l'équité de la proposition, disait le rapporteur, M. Mathieu, la commission n'a pas cru pouvoir s'y associer. Son premier inconvénient serait de donner à la détention le caractère d'une peine; elle conduit ensuite nécessairement à accorder au prévenu acquitté une action en dommages-intérêts dont nous avons signalé les périls. »

Donner à la détention le caractère d'une peine, tandis qu'elle ne doit être qu'un emprisonnement de garde, qu'une garantie destinée à faciliter l'action de la justice, ce serait, disait-on, le premier résultat de l'imputation. En théorie, cette critique peut avoir quelque importance; mais qui ne voit qu'elle perd toute sa valeur en pratique? La détention préventive n'est-elle pas aussi dure, aussi rigoureuse que l'emprisonnement correctionnel ou même que la réclusion? Il y a, il est vrai, quelques différences de fait entre leur régime : le prévenu n'est pas obligé de travailler, il peut plus facilement recevoir des visites, s'offrir quelques adoucissements, mais songez qu'en fait il est souvent mêlé aux condamnés, ou bien qu'il est soumis à l'emprisonnement cellulaire; et surtout, tenez compte des angoisses de cette période parfois si longue de l'instruction, de l'interrogatoire, de la mise au secret, de l'incertitude sur le résultat de la poursuite. C'est presque une naïveté que de prétendre que l'emprisonnement de garde ne constitue pas une peine, mais une simple garantie. Il y a privation de la liberté, il y a toutes les souffrances morales de l'individu qui se sent séparé du monde, perdu, déjà presque condamné. C'est peut-être au contraire la phase la plus cruelle de l'emprisonnement.

Il est vrai que la comparaison entre la détention préventive et les travaux forcés est plus difficile, car la différence est ici beaucoup plus grande ; mais la loi elle-même nous a donné l'exemple. Ne décide-t-elle pas que la peine des travaux forcés court du jour où la condamnation est devenue irrévocable, sans se préoccuper du régime auquel est soumis le condamné à partir de cet instant, et sans attendre qu'il soit arrivé au lieu même où il doit subir sa peine ? En réalité, l'incarcération préventive peut être assimilée à toutes les peines, parce qu'elle emporte la privation de la liberté, ce qui est, au fond, la base de tout système pénitentiaire.

Reste la corrélation que l'on a souvent établie entre la question de l'imputation et celle de l'indemnité à accorder au détenu renvoyé des fins de la poursuite. « L'emprisonnement préventif est un tribut que chacun paie à la sécurité de tous : l'innocent, qu'une détention préalable a frappé, ne peut obtenir aucune réparation », disait M. Dumont, en 1832, et nous avons vu que le rapporteur de la loi de 1865 s'exprimait à peu près dans les mêmes termes. Il y aurait un véritable péril à accorder une action en dommages-intérêts aux individus injustement poursuivis. Ce serait une charge beaucoup trop lourde, donc il n'est pas possible d'admettre l'imputation. Que ces deux questions se touchent de très près, c'est indiscutable, mais il ne s'ensuit pas qu'elles soient inséparables ; il y a là deux situations différentes auxquelles il faut des remèdes différents ; pourquoi ne pas faire disparaître le premier abus puisqu'on le peut si facilement, en laissant à l'avenir le soin de résoudre le second problème, qui est plus délicat ? On cherche à remédier aux inconvénients de la détention préventive dans la mesure du possible, et voilà tout.

12. Ce ne sont donc pas là de bien sérieuses objections, et on comprend difficilement qu'elles aient suffi pour faire écarter pendant si longtemps cette réforme de notre législation.

Peut-être y a-t-il une autre raison et peut-être cette réforme n'a-t-elle été si longue à aboutir que parce qu'on trouvait inutile de l'introduire dans nos lois pénales. On l'a quelquefois prétendu. Le juge saura toujours tenir compte de la durée de la détention préventive dans la condamnation qu'il prononcera contre le coupable, et quand il s'agira de déterminer la longueur de la peine dont il le frappera, il prendra en considération le temps que l'individu a déjà passé en prison. Ainsi l'imputation se fera d'elle-même dans la pratique, et point n'est besoin pour cela d'une disposition législative spéciale.

Ce raisonnement, quand même il serait rigoureusement exact, n'enlèverait pas son utilité à la loi nouvelle, parce qu'il peut toujours se trouver un juge qui n'obéisse pas à la règle de conduite commune et ne tienne pas compte de l'emprisonnement préventif, et surtout, parce que cette considération n'agira pas avec la même force, avec la même intensité sur les différents tribunaux. N'est-il pas certain, par exemple, que les magistrats des tribunaux correctionnels ne tiendront pas compte de cet emprisonnement dans la même proportion que les jurés de la Cour d'assises? Mais il y a plus, il est inexact de soutenir que le juge fera toujours la part de la détention préventive dans la peine qu'il prononcera. C'est ordinairement vrai pour les condamnations correctionnelles à l'emprisonnement, c'est quelquefois exact pour les condamnations à la réclusion, ça ne l'est jamais pour les condamnations aux travaux forcés. Les magistrats de la Cour d'assises ne prendront jamais en considération le temps de détention préventive pour déterminer la durée de la peine des travaux forcés qu'ils prononceront, souvent même ils ne s'en occuperont pas quand ils condamneront à la réclusion. Et cependant ce n'est pas une quantité négligeable que cet emprisonnement qui précède la comparution en Cour d'assises, puisqu'il peut durer et dure ordinairement plusieurs mois.

Enfin, ce mode d'imputation abandonné à la conscience, à l'arbitraire du juge, offre encore d'autres inconvénients, car il fausse l'échelle de la pénalité [1]. « Le juge qui fait entrer en ligne de compte

---

[1] En outre, le juge ne peut jamais abaisser la peine au-dessous de son minimum légal.

« la détention préventive, cesse de proportionner la peine à la crimi-
« nalité du fait poursuivi ; l'exemplarité de la condamnation n'est
« plus entière; le casier judiciaire du condamné ne porte qu'une
« peine insuffisante, et le jugement, dont les conséquences juridiques
« dépendent, au point de vue de la récidive et au point de vue des
« déchéances encourues, du montant de la condamnation qui y est
« portée, reste au-dessous de ce qu'exigeraient l'appréciation directe de
« la culpabilité et les nécessités d'une ferme répression. » (Rapport
de M. Morellet au Sénat, Annexes, 1889, n° 252.)

C'est surtout en matière criminelle, devant le jury, que l'inconvénient est sensible. Les avocats en savent quelque chose, et ils ne
manquent pas, si les faits reprochés ne sont pas bien établis, s'il y a
des circonstances favorables à l'accusé, de demander l'acquittement
de leur client en faisant valoir qu'il a déjà passé de longs mois en
prison, qu'il a largement payé sa dette. Le jury se laisse souvent
émouvoir par cette considération, et il acquitte, accordant ainsi au
coupable comme un certificat d'innocence qu'il n'a jamais mérité.

12. Du reste, il n'est pas de meilleure réponse à toutes ces objections que de consulter le droit comparé, et de voir dans quelle
mesure les pays étrangers admettent l'imputation de la détention
préventive. Or, c'est une étude dont les résultats sont décisifs, et, sur
ce point, comme sur beaucoup d'autres en matière pénale, il y a
longtemps que les nations étrangères nous ont donné l'exemple.

13. Les législations qui ont déjà adopté cette réforme ne l'appliquent pas toutes de la même façon ni avec la même étendue. On
peut, à ce point de vue, les diviser en plusieurs groupes qui cor-
respondent aux diverses conceptions possibles sur l'imputation.

En effet, on peut d'abord faire de l'imputation une règle absolue,
obligatoire, et décider que le temps de détention préventive devra
dans tous les cas être précompté sur la durée de la peine, sans que
le juge ait à intervenir, sans qu'il ait à donner son avis sur ce
point.

Au contraire, on peut, sans aller aussi loin, rendre l'imputation
simplement facultative et donner au tribunal le droit de tenir compte,
par une disposition expresse de son jugement, du temps de détention

préventive, s'il le juge à propos. Dans ce deuxième système, la déduction devient alors une mesure de faveur, qui peut être spécialement accordée au condamné.

Il en est encore de même au point de vue du champ d'application de l'imputation. Ainsi, tantôt on décidera qu'il faut imputer la détention préventive sur la durée de toutes les peines, quel que soit leur caractère, qu'elles soient privatives de la liberté ou simplement pécuniaires, tantôt on ne tiendra compte de cette détention qu'autant que le prévenu aura été condamné à une peine corporelle, ou même seulement à la réclusion ou à l'emprisonnement. Ce sont là autant de conceptions différentes du système de l'imputation, et on les retrouve dans les diverses législations européennes.

Les plus larges, les plus généreuses sont d'abord le Code pénal italien et le Code pénal belge. L'article 40 du Code pénal italien décide que l'incarcération subie avant que la sentence soit devenue irrévocable se déduit de la durée de la peine temporaire restrictive de la liberté individuelle. Ici, il n'y a pas de restriction, la déduction doit se faire, quelle que soit la peine prononcée, qu'il s'agisse de la réclusion ou de la détention, ou du simple confinement et même de l'amende. La peine du confinement consiste dans l'obligation imposée au condamné de demeurer un certain temps (un mois à trois ans) dans une commune désignée, éloignée de soixante kilomètres au moins du lieu du délit, ou du lieu où habitent soit les victimes, soit le condamné lui-même (article 18). En pareil cas, l'article 40 décide qu'un jour d'incarcération préventive comptera pour trois jours de cette peine qui est plus douce. Enfin, en ce qui concerne l'amende, la déduction du temps de détention préalable s'opère suivant une proportion établie dans l'article 19 du Code (un jour de détention par dix livres d'amende).

D'après le Code pénal belge (article 30), l'imputation est également obligatoire, mais elle ne se produit que sur les peines privatives de la liberté et non sur la condamnation à l'amende (Haus, *Droit pénal belge*, t. II, p. 20).

C'est le même système que nous trouvons encore consacré dans le projet de Code pénal pour l'empire du Japon, mais avec moins de largeur. La détention préventive s'imputera sur toute peine privative de liberté, fût-elle criminelle, mais elle ne compte que pour moitié quand il s'agit d'une peine criminelle. (*Bulletin de la Société de législation comparée*, 1887, p. 229.)

Dans les autres législations, la déduction est simplement facultative. Le Code pénal du canton de Neufchâtel admet cependant un système intermédiaire. En principe, l'imputation n'est pas obligatoire, mais elle le devient quand le coupable a fait des aveux complets. (*Revue pénitentiaire*, 1892, p. 542.)

Le Code pénal allemand (article 60) adopte une distinction toute voisine. L'imputation de la détention préventive est facultative dans tous les cas ; en outre, dans certaines hypothèses déterminées par le Code de procédure pénale, la déduction d'une partie de la détention préventive s'opère de plein droit. Peu importe, du reste, la nature de la peine prononcée, pourvu que ce soit une peine restrictive de la liberté (réclusion, emprisonnement, détention ou arrêts).

Enfin, le Code pénal hongrois (article 94) [1], le Code pénal des Pays-Bas (article 27), et le projet de Code pénal russe autorisent le juge à tenir compte de la détention préventive, sans en faire une obligation. D'après le Code pénal hollandais, on pourra faire l'imputation, non seulement quand il y aura condamnation à l'emprisonnement ou à la détention, mais même à une simple amende. (L'article 24 indique quelle est alors la proportion à établir.)

14. De cette revue un peu rapide des plus récentes lois étrangères, il résulte que l'imputation de la détention préventive constitue aujourd'hui la règle et c'est le meilleur argument que l'on puisse donner en sa faveur. Les considérations de justice, d'équité, si longues parfois à pénétrer dans le droit pénal, ont donc ici triomphé. La réforme vient enfin d'entrer dans notre Code avec la loi du 15 novembre 1892.

15. La première proposition de cette loi avait été déposée au cours

---

[1] Art. 94. C. pén. hongrois. « La durée d'une longue détention préventive subie par un prévenu, sans qu'il y ait de sa faute, sera imputée sur la peine privative de liberté ou sur l'amende. Le jugement déterminera toujours, dans ce cas, dans quelle proportion la peine doit être considérée comme subie en raison de la détention préventive. Toutefois, la prison préventive ne peut remplacer qu'une durée au plus égale de la peine privative de liberté. »

de la quatrième législature par MM. Le Roy et de la Bâtie ; nous passerons rapidement sur les travaux préparatoires, les délibérations devant la Chambre et devant le Sénat ayant été fort courtes, et nous nous contenterons de signaler les modifications qui ont été apportées au texte primitivement proposé.

Le projet de loi de MM. Le Roy et de la Bâtie, s'inspirant très directement du Code pénal belge, déclarait purement et simplement que la détention préventive serait imputée intégralement sur la durée de la peine emportant privation de la liberté. C'était la déduction obligatoire, s'opérant d'elle-même, directement et dans tous les cas. La commission nommée par la Chambre pour examiner ce projet se montra moins absolue, et, tout en faisant de l'imputation la règle générale, elle considéra qu'il fallait laisser au juge le droit d'empêcher la déduction, parce qu'il y a des cas où la prolongation de la détention provient du fait du prévenu qui, se sentant coupable, a peut-être usé de tous les moyens possibles pour retarder son jugement. En conséquence, la commission accorda au juge la faculté d'écarter l'imputation au moyen d'une disposition spéciale et motivée du jugement ou de l'arrêt de condamnation [1].

Ainsi modifié, le projet de loi fut admis sans opposition à la Chambre et au Sénat [2]. Il avait, par conséquent, pour résultat de remplacer les articles 23 et 24 par une disposition unique ainsi conçue :

« Dans tous les cas où, par une disposition spéciale et motivée, le jugement ou l'arrêt n'en aura pas autrement décidé, toute détention

---

[1] Rapport de M. Morellet au Sénat : « Pour bien marquer sa pensée à cet égard, la Chambre des députés a dit aux magistrats, non point, « vous pourrez imputer », mais bien « vous pourrez ne point imputer ». Elle a posé comme règle, l'imputation intégrale de la détention préventive sur toute peine emportant privation de la liberté, et si elle laisse la faculté aux tribunaux de contrevenir à cette règle, c'est du moins en les obligeant, quand ils croiraient devoir y déroger, à faire de cette dérogation totale ou partielle, l'objet d'une disposition spéciale et motivée du jugement ou de l'arrêt. »

[2] On avait proposé au Sénat de n'admettre l'imputation que pour la peine de l'emprisonnement et qu'autant que le juge l'aurait prononcée par une disposition spéciale de son jugement, mais cette proposition fut rejetée par la majorité de la commission.

préventive sera intégralement imputée sur la peine emportant privation temporaire de la liberté, et prononcée en raison ou à l'occasion
du fait qui a motivé cette détention. »

Le projet de loi fut repris sous la législature actuelle et la commission du Sénat, tout en conservant le principe, en modifia la
teneur. Plusieurs amendements furent en effet proposés. Tout
d'abord, on crut bon de substituer aux anciens articles 23 et 24
non pas une disposition unique, mais deux articles nouveaux et,
dans ce but, on proposa de rétablir dans l'article 23 le principe
général sur le point de départ de la durée des peines, en modifiant le
texte ancien qui était, dit-on, défectueux.

D'autre part, sur la question de l'imputation, M. Bozérian soutint
qu'il ne fallait pas imposer la déduction au juge, mais qu'il valait
mieux lui laisser le soin de l'opérer quand il le croirait utile. En
d'autres termes, M. Bozérian désirait que l'imputation devînt facultative et non obligatoire. La commission rejeta cet amendement dans
la crainte que l'imputation ne demeurât à l'état d'exception et
considéra qu'il était plus sage de réserver seulement au juge la
faculté de décider par une disposition expresse et motivée qu'il
n'y avait pas lieu d'opérer la déduction. Cette dernière rédaction
fut donc maintenue et triompha devant les Chambres.

On fit encore une seconde retouche au texte de l'article 24, tel
qu'il avait été d'abord voté, sur un amendement de M. de Casabianca.

M. de Casabianca fit remarquer que pour la partie de la détention
subie entre la date du jugement ou de l'arrêt et le moment où la
condamnation devient définitive, la loi nouvelle se montrait plus dure
que l'ancienne. En effet, d'après l'article 24, C. pén., tel qu'il
avait été modifié par la loi du 28 avril 1832, l'imputation de cette
partie de la détention préventive se produisait nécessairement, obligatoirement, quand le condamné avait accepté sa condamnation sans
l'attaquer, ou quand, s'étant pourvu ou ayant fait appel, il avait
réussi à la faire diminuer. Or, d'après la loi nouvelle, la situation de
ce condamné pouvait se trouver empirée, puisque le juge aurait le
droit de ne faire la déduction d'aucune partie de la détention préventive, ce qui serait inadmissible, disait l'amendement, car « la loi
« nouvelle tend à étendre, non à restreindre l'imputation ». Cette

modification fut admise et on décida que la déduction de la détention comprise entre la date de la prononciation de la condamnation et le moment où elle devient irrévocable aurait toujours lieu : 1° si le condamné n'a pas exercé de recours ; 2° si, ayant exercé un recours, il a fait réduire sa peine.

Enfin, deux nouveaux articles ont été ajoutés au texte primitif par la Commission et tous deux adoptés par les Chambres, l'article 2 pour décider que la loi n'aurait pas d'effet rétroactif, l'article 3 pour appliquer la loi à l'Algérie et aux colonies.

Ainsi conçu, ainsi présenté, le projet de loi a été adopté sans discussion par la Chambre et le Sénat et promulgué le 15 novembre 1892.

16. Cette loi se compose donc de trois articles que nous allons maintenant commenter :

Art. 1er. Les articles 23 et 24 du Code pénal sont abrogés et remplacés par les dispositions suivantes :

« Art. 23. La durée de toute peine privative de la liberté compte du jour où le condamné est détenu, en vertu de la condamnation devenue irrévocable, qui prononce la peine.

« Art. 24. Quand il y aura eu détention préventive, cette détention sera intégralement déduite de la durée de la peine qu'aura prononcée le jugement ou l'arrêt de condamnation, à moins que le juge n'ait ordonné, par disposition spéciale et motivée, que cette imputation n'aura pas lieu ou qu'elle n'aura lieu que pour partie.

« En ce qui concerne la détention préventive comprise entre la date du jugement ou de l'arrêt et le moment où la condamnation, devient irrévocable, elle sera toujours imputée dans les deux cas suivants :

« 1° Si le condamné n'a point exercé de recours contre le jugement ou l'arrêt ;

« 2° Si, ayant exercé un recours, sa peine a été réduite sur son appel ou à la suite de son pourvoi. »

17. Il semble presque en lisant le rapport de M. Morellet, que cette modification de l'article 23 n'ait été imaginée qu'après coup et, pour ainsi dire, comme offrant une occasion de maintenir la suite

normale des articles du Code. Du reste, la modification n'a pas grande importance, elle étend un peu la portée de l'article en l'appliquant à deux hypothèses pour lesquelles aucun doute d'ailleurs ne s'élevait et ne pouvait s'élever. Enfin, l'article 23 actuel a un autre défaut, il édicte une règle qui est immédiatement contredite par l'article suivant.

Cet article 23 a pour but de déterminer le point de départ de la durée des peines privatives de liberté. Le texte ancien datait de la réforme de 1832 et posait ce principe bien simple, bien net : « La durée des peines temporaires comptera du jour où la condamnation sera devenue irrévocable. » Cette règle est en effet la seule logique, elle établit d'une façon certaine, invariable, le point de départ de la peine. Aussi ne mérite-t-elle pas les reproches que M. Morellet lui adressait dans son rapport. Il est vrai que l'article 23 suppose que le condamné est sous la main de la justice, et ne prévoit pas deux autres situations qui peuvent se présenter : celle où le condamné n'est pas détenu et celle où il subit déjà une autre peine au moment de sa condamnation [1]. Mais, dans ces deux cas, la solution ne peut être douteuse. Si l'individu est encore en liberté, la peine ne commence à courir qu'à partir du moment où elle s'exécute, c'est-à-dire à partir du moment où il est écroué ; s'il purge une condamnation antérieure, la nouvelle condamnation ne peut évidemment s'exécuter, qu'autant que la première est terminée. Il n'était par conséquent pas bien utile de modifier le texte de l'article pour l'appliquer à ces deux hypothèses qu'il est facile de résoudre [2]. L'article 23 « n'était pas manifestement

---

[1] Il faut supposer, bien entendu, qu'il n'y a pas eu concours des deux infractions, et qu'il n'y a pas lieu d'appliquer la règle du non-cumul des peines.

[2] Il est vrai qu'on pouvait se demander, dans le cas où l'individu est encore en liberté au moment où sa condamnation devient irrévocable, si la peine commençait à courir dès que le condamné était emprisonné, même s'il était provisoirement enfermé dans un établissement autre que celui où il devait la subir. La question se présentait surtout pour l'emprisonnement, car, en matière criminelle, l'individu est toujours sous la main de la justice, ou, s'il n'y est pas, la condamnation est par contumace, et les condamnations par contumace ne sont pas susceptibles d'exécution. Pour la résoudre, on s'inspirait ordinairement de l'esprit de l'art. 24, et on imputait cette détention sur la peine de l'emprisonnement, quand le retard à

inexact », il s'occupait du cas le plus fréquent, le seul qu'il importait de prévoir.

18. Cet article ne s'appliquait qu'aux peines temporaires ; en effet, pour les peines perpétuelles, il est inutile de fixer leur point de départ, puisqu'elles doivent durer indéfiniment. Quant aux peines accessoires qui les accompagnent, l'article 3 de la loi du 31 mai 1854 décide qu'elles sont encourues du jour où la condamnation est devenue irrévocable.

Le nouveau texte est plus large, il s'applique à toutes les peines privatives de la liberté et ne distingue plus entre les peines perpétuelles et les peines temporaires. C'est une modification inutile[1]. C'est même une modification malheureuse, car pour les peines perpétuelles, le point de départ est toujours fixé au moment où la condamnation est devenue irrévocable, quand même l'individu se serait évadé immédiatement après la condamnation, quand même aussi il purgerait à ce moment une condamnation antérieure. Cela a un intérêt pour une des déchéances accessoires qui accompagnent les peines perpétuelles, pour l'interdiction légale. Le condamné aux travaux forcés est en état d'interdiction légale *pendant la durée de sa peine* (article 29, C. p.). Si on consultait l'article 23 nouveau, il faudrait donc dire que l'interdiction légale ne le frappera qu'à partir du jour où il sera détenu en vertu de cette condamnation, puisque c'est de ce jour seulement que commence la durée de la peine. Cette solution serait évidemment inadmissible, l'individu

---

l'écrou régulier ne provenait pas de la faute du condamné. Dans le cas contraire, on n'en tenait pas compte. (Garraud, *Traité de Droit pénal*, II, p. 45 ; Blanche, t. 1, nos 174, 175.)

Le nouvel article 23 résout implicitement cette question en décidant que la durée de la peine compte du jour où le condamné est détenu en vertu de la condamnation devenue irrévocable. Mais même si l'art. 23 n'avait pas été modifié, cette solution aurait été évidente, puisque la loi nouvelle tient toujours compte de la détention préventive.

[1] Le contre-projet proposé par M. Bozérian au Sénat s'exprimait autrement et conservait la distinction du Code pénal : « La durée des peines temporaires comptera du jour de l'écrou, dans le cas où le condamné n'est pas détenu au moment de la prononciation de jugement ou de l'arrêt. Dans les autres cas, la durée de ces peines comptera du jour où la condamnation sera devenue définitive. »

qui s'est évadé, ou qui subit une autre condamnation doit être mis immédiatement en état d'interdiction légale [1].

19. La modification apportée à l'article 24 constitue la partie principale, essentielle de la nouvelle loi. Toutes les fois qu'il y aura détention préventive, la durée de cette détention se déduira intégralement de la durée de la peine prononcée dans la condamnation, sauf disposition contraire, spéciale et motivée, du jugement.

L'article 24 est complètement transformé et, avec l'ancien texte, disparaît le système timide qui avait été adopté en 1832, et disparaissent aussi, en partie, les complications nombreuses, les questions difficiles que suscitait sa mauvaise rédaction. La solution consacrée par la nouvelle loi ne se rattache exactement à aucun des différents modes d'imputation établis dans les législations étrangères. C'est une solution intermédiaire, pour ainsi dire, qui s'inspire à la fois de ces divers systèmes. L'imputation est obligatoire, comme en Belgique, comme en Italie, elle s'opère de plein droit, elle constitue la règle ; mais on permet au juge d'y déroger, pourvu qu'il motive spécialement sa décision.

On ne peut qu'approuver cette solution, elle laisse au juge un pouvoir d'appréciation qui sera souvent fort utile, tout en ne présentant pas le danger de trop restreindre la portée d'application pratique de la loi. L'imputation obligatoire, nécessaire, inévitable, telle que l'organisait le projet présenté à la Chambre par M. Le Roy, peut être parfois excessive. Car le prévenu coupable aura, dans certains cas, cherché à retarder par tous les moyens possibles le jugement de son affaire, afin de rester plus longtemps en prison préventive, surtout s'il redoute d'être frappé d'une condamnation qu'il doive purger dans une maison centrale dont le régime est plus sévère, bien plus encore, si son crime mérite la peine des travaux forcés. Il fallait prévoir cette manœuvre et la déjouer, car le prévenu sera souvent tenté de l'employer aujourd'hui, puisque, avec le système de l'imputation, il n'aura rien à y perdre.

---

[1] Le reproche fait au nouvel article 23 s'applique également quand il s'agit de peines criminelles temporaires qui entraînent aussi l'interdiction légale pendant leur durée (art. 29). Il aurait donc mieux valu se contenter de reproduire purement et simplement l'ancien texte.

Du reste, c'est la tendance des législations pénales modernes de donner à la loi plus d'élasticité, afin d'augmenter les pouvoirs du juge, afin de lui laisser un champ très large d'appréciation qui lui permette de distinguer là où le Code ne le peut pas, de tenir compte de toutes les circonstances qui caractérisent une affaire et peuvent influer sur le degré de culpabilité.

D'autre part, le système adopté par la loi nouvelle vaut mieux que celui de l'imputation simplement facultative que nous avons rencontré dans les législations allemande et hongroise. Si le juge est chargé de faire lui même l'imputation par une disposition spéciale de la sentence, n'est-il pas à craindre qu'il n'use pas assez de cette mesure de faveur, et n'est-il pas injuste aussi que le condamné puisse souffrir d'une omission ou d'un oubli commis dans le jugement ?

En résumé, c'est bien l'imputation obligatoire, mais très heureusement tempérée par le droit laissé aux magistrats de l'écarter, en insérant dans leur sentence une disposition spéciale et motivée.

26. Quel est maintenant le champ d'application de la nouvelle loi ? La détention préventive s'imputera sur toutes les peines privatives de la liberté, quelles qu'elles soient, et sur ces peines seulement.

Donc, pas de distinction entre les peines correctionnelles et les peines criminelles ; même si le coupable a été condamné à la réclusion, aux travaux forcés, le temps antérieurement passé dans la prison se déduira de la durée de ces condamnations. Toutes les législations européennes que nous avons mentionnées adoptent cette solution, et aucune ne distingue suivant la gravité de la condamnation prononcée contre le prévenu. Toutes considèrent que la détention préventive équivaut bien par ses angoisses, par ses souffrances morales, par l'incertitude qu'elle impose au prévenu, à toute autre peine privative de liberté, quelle qu'elle soit, même aux plus graves.

Un amendement avait été présenté au Sénat par M. de Verninac, qui restreignait l'imputation de la détention à la seule peine d'emprisonnement, conformément à l'ancien article 24, sous prétexte, disait-il, qu'il n'était pas possible de comparer l'emprisonnement aux peines criminelles. Cet amendement a été rejeté.

D'autre part, c'est seulement sur les peines privatives de la liberté que s'opérera la déduction. Le nouvel article 24 ne s'applique pas

3

aux peines pécuniaires, aux simples condamnations à l'amende. Cependant l'imputation semblerait ici d'autant plus rationnelle, d'autant plus juste qu'il y a disproportion entre la faute commise, entre la condamnation prononcée et le régime préventif auquel on a soumis le condamné. Il n'est puni que d'une simple amende, on lui a infligé pour une faute légère le déshonneur la honte de la prison préventive, et on lui refuse une compensation qu'on lui aurait accordée s'il avait commis une infraction plus grave punie d'emprisonnement. C'est au moins très singulier. Rien ne serait plus juste que de faire une compensation entre la détention préventive et l'amende, et de diminuer le chiffre de celle-ci proportionnellement à la durée de l'emprisonnement. Et remarquez bien que cette compensation ainsi opérée n'a rien qui ressemble à une indemnité et ne préjuge en rien par conséquent la question de savoir s'il y a lieu d'accorder des dommages-intérêts à l'individu injustement poursuivi. Ce sont deux questions toutes différentes. Dans la nôtre, la solution s'impose presque, le législateur a une occasion de réparer l'injuste rigueur dont le prévenu a été victime, il semble qu'il n'y devrait pas manquer.

Pourquoi la loi nouvelle n'a-t-elle pas adopté ce système, pourquoi n'a-t-elle pas donné à l'imputation toute l'application dont elle est susceptible? M. Mouillet nous le dit dans son premier rapport au Sénat : « La majorité de votre commission tenant compte que les peines pécuniaires sont rarement prononcées seules dans les jugements qui ont été précédés de détention préventive, et que le principal intérêt de l'imputation porte sur l'influence de cette détention dans l'exécution des peines privatives de la liberté, elle n'a pas cru devoir vous proposer d'agrandir le cercle tracé par la Chambre et de modifier par là la proposition. » Ce n'est pas une raison suffisante; du moment qu'il peut arriver qu'un individu préventivement détenu soit condamné à une simple amende, il fallait prévoir cette situation qui est particulièrement digne d'intérêt, et empêcher que cette quasi-injustice ne pût se réaliser. Or, ces hypothèses, peu fréquentes en vérité, se présenteront néanmoins. En matière criminelle, cela n'arrivera pas, parce que l'amende est nécessairement alors une peine complémentaire; mais il n'en sera pas de même en matière correctionnelle, où l'amende peut être prononcée seule. Par exemple, un individu poursuivi pour délit a été condamné par le tribunal à l'emprisonnement, il fait appel, et la Cour, réformant la première décision, le condamne à une simple amende. Ne devrait-on pas alors tenir compte des quelques jours de détention préventive que le condamné a pu subir?

Du reste, les cas dans lesquels une condamnation à une simple amende a pu être précédée d'un emprisonnement préalable ne sont pas aussi rares qu'on pourrait le penser. La statistique de 1888 (*Compte général de la justice criminelle*, p. 133) nous indique en effet que 2,061 individus ont été détenus provisoirement et condamnés ensuite à l'amende, et, sur ce total, la durée de la détention préventive a été de neuf à quinze jours pour 388, *de seize jours à un mois pour 211, et de plus d'un mois pour 71*. Les comptes généraux des années précédentes nous fournissent à peu près les mêmes renseignements (Voir *Compte général de 1887* et *Compte général de 1886*, p. 133).

21. Dans le silence du jugement ou de l'arrêt, l'imputation se réalise toujours au profit du condamné; peu importe qu'il ait inutilement fait appel de la sentence ou que son pourvoi en cassation ait été rejeté, la durée de la détention se déduira toujours de la peine prononcée contre lui.

Ainsi, en réalité, toutes les fois qu'une peine privative de liberté est prononcée, le point de départ de cette peine commence au moment où le coupable a été mis en état d'arrestation préventive. Telle est aujourd'hui la règle de droit commun, puisque la détention préventive est nécessairement employée en matière criminelle à partir de l'arrêt de la Chambre des mises en accusation, et qu'elle intervient très souvent aussi en matière correctionnelle. Le principe posé par l'article 23 reste donc un peu platonique. Il est vrai que le juge a toujours la faculté de modifier ce droit commun, en ne faisant pas l'imputation ou en ne la faisant que pour partie.

22. Le nouvel article 24 contient un deuxième paragraphe qui a été ajouté après coup sur la proposition de M. de Casabianca, et qui prévoit spécialement les deux hypothèses sur lesquelles statuait l'ancien texte. Il s'agit de la période de l'emprisonnement préalable qui commence au moment où la condamnation a été prononcée et dure

jusqu'à ce qu'elle soit devenue définitive. Pour cette partie de l'incarcération préventive, la déduction devra nécessairement, obligatoirement s'opérer, sans que le juge puisse l'écarter, dans deux cas : 1° si le condamné n'a point exercé de recours contre le jugement ou l'arrêt; 2° si, ayant exercé un recours, sa peine a été réduite sur son appel ou à la suite de son pourvoi.

Cette règle s'applique, dans le nouvel article, à toutes les peines privatives de la liberté, tandis que l'ancien texte ne visait que l'emprisonnement.

Comment faut-il interpréter cette disposition de la nouvelle loi ? Ici nous nous trouvons fort embarrassés, car il se présente une sérieuse difficulté. Les rapports présentés au Sénat et à la Chambre des députés par M. Morellet d'une part, par M. Georges Graux de l'autre, sont en complet désaccord sur ce point, ils ont compris cette proposition dans un sens tout différent, et comme il n'y a pas eu de discussion lorsque le projet de loi a été voté par les Chambres, il devient très difficile de trancher cette contradiction. Pour bien la comprendre et arriver à donner à la loi sa véritable interprétation, il est indispensable de remonter à l'origine de cette disposition et de voir dans quelles conditions ce deuxième paragraphe fut ajouté à l'article 24.

Le projet primitif, tel qu'il avait été conçu par la Commission du Sénat, ne contenait rien de spécial pour la période de détention préventive postérieure à la condamnation, il établissait simplement le principe que l'imputation s'opère de plein droit à moins que le juge n'ait ordonné, par disposition spéciale et motivée, qu'elle n'aurait pas lieu. Donc, dans l'esprit de la Commission du Sénat, l'imputation devait s'appliquer à toute la détention préventive, sans distinguer entre la partie qui précède la condamnation et celle qui la suit, mais le juge avait le pouvoir, également pour les deux périodes de cette détention préventive, d'écarter l'imputation. C'est alors que M. de Casabianca proposa son amendement : L'article 24 actuel, disait-il, prévoit deux cas dans lesquels l'imputation de la détention préventive postérieure à la condamnation est obligatoire : 1° si le condamné accepte la condamnation sans se pourvoir; 2° si, s'étant pourvu, il réussit à faire réduire sa condamnation. Or, ajoutait M. de Casabianca, avec le système qui permet au juge d'écarter l'imputation, le condamné peut être privé de cet avantage dans les deux cas prévus par l'article 24, puisque le juge pourra écarter l'imputation même si le condamné ne se pourvoit pas, ou fait réduire sa peine. Cela est inadmissible, il ne faut pas que la loi n .velle fasse au condamné, en ce qui concerne l'imputation, une situation moins bonne que celle qu'il a aujourd'hui. En conséquence, M. de Casabianca proposait d'ajouter un alinéa au texte du projet pour déclarer que, dans ces deux cas déterminés, et pour la période postérieure à la condamnation, l'imputation serait obligatoire, c'est-à-dire, que le juge ne pourrait pas l'écarter.

Il n'était donc pas possible de se tromper sur le résultat de l'amendement. Le principe que l'imputation s'opère de plein droit, sauf disposition contraire du jugement, n'était pas modifié ; seulement, dans deux cas spéciaux, on enlevait au juge le droit d'empêcher la déduction de la période de détention préventive postérieure au jugement. En résumé, voici quelle était d'après l'amendement l'économie du projet : Si le jugement de condamnation ne disait rien, le principe s'appliquait purement et simplement, et l'imputation s'opérait pour toute la détention préventive, après comme avant la condamnation, sans qu'il y eût à s'occuper de savoir si le condamné avait ou non formé un recours contre la condamnation, et s'il avait ou non réussi dans ce recours. Si, au contraire, le jugement avait déclaré, par disposition spéciale et motivée, que l'imputation ne s'opérerait pas, alors néanmoins, la déduction de la détention postérieure à la condamnation se réalisait nécessairement dans deux cas : 1° si le condamné n'avait pas formé de recours ; 2° si, ayant formé un recours, il avait réussi à faire réduire sa peine.

La commission du Sénat adopta cet amendement qui étendait encore le bénéfice de l'imputation, et le rapport de M. Morellet est très explicite sur ce point : « L'amendement, *tout en adoptant*, en « *thèse générale, le système de la commission*, propose de maintenir « l'imputation absolue pour les cas taxativement prévus par l'ar-« ticle 24 actuel. » Le rapport ajoute : « Il n'aurait pas été « impossible de combattre cette argumentation. On aurait pu notam-« ment soutenir que le système auquel l'amendement propose d'ap-« porter des restrictions est bon en soi, d'une façon générale ; que « s'il laisse au juge un pouvoir d'appréciation dans les cas où « l'article 24 actuel assure aux condamnés l'imputation de plein « droit, il n'y a point lieu de s'y arrêter, tant il leur est plus avan-

« tageux dans l'immense majorité des cas ; que, en fait, les condamnés
« qui bénéficient aujourd'hui de l'article 24 n'auraient que bien
« rarement leur situation aggravée par le régime nouveau..., qu'ainsi
« il n'y a point à venir troubler la simplicité et l'harmonie de la
« nouvelle loi par des distinctions compliquées, se référant à des
« hypothèses presque sans importance, prévues par la loi qui est
« sur le point d'être abrogée. . . . .
« . .Mais on invoquait le caractère libéral et humain de la loi nou-
« velle ; on demandait que, dans aucun cas, si rares fussent-ils en
« fait, elle ne pût être plus dure que celle qu'elle remplaçait : cela
« nous a suffi, nous n'avons pas opposé de résistance. »

Ainsi, en introduisant le deuxième paragraphe dans le texte de
l'article 24 du projet, la commission du Sénat a voulu simplement
étendre encore le bénéfice de l'imputation, en la rendant obligatoire
dans deux hypothèses. Mais, en dehors de ces deux cas, on revient à
la règle, c'est-à-dire que l'imputation s'opère de plein droit pour
toute la détention préventive, à moins que le juge n'ait autrement
décidé.

Le rapport de M. Georges Graux interprète tout différemment cette
disposition du nouvel article 24.

D'après lui, il faut distinguer deux périodes dans la détention
préventive : 1° la période qui précède la condamnation ; pour celle-
là, l'imputation s'opère de plein droit si le juge n'a rien dit ; 2° la
période qui suit la condamnation ; pour celle-là, le juge n'a aucun
pouvoir, c'est l'ancien article 24 C. pén., qui s'applique ; tout
dépend de l'attitude du condamné, l'imputation s'opère nécessairement s'il ne recourt pas ou s'il réussit dans son recours ; elle ne se
fait, au contraire jamais dans les autres cas, même si le jugement
ne dit rien. « Le recours du condamné, s'il succombe, lui fait per-
« dre le bénéfice de l'imputation obligatoire prévue par le deuxième
« paragraphe de l'article 24, mais lui laisse le profit, *si le juge n'en*
« *a pas autrement décidé*, de l'imputation portant sur la période
« antérieure à la condamnation. »

Ces deux interprétations sont donc absolument divergentes, et il
faut choisir entre elles.

Pour ma part, je n'hésite pas à suivre la première, celle de la
commission du Sénat, et cela pour les raisons suivantes :

La Chambre des députés n'a apporté aucune modification à la

rédaction qui avait été adoptée par le Sénat, or le texte est bien plus favorable à la première interprétation qu'à la seconde. Quelle est, en effet, l'économie de l'article 24 ? Cet article commence par poser le principe, la règle générale qui s'applique, sans distinction de périodes, à toute la détention préventive : L'imputation a lieu de plein droit dans le silence du jugement. Ensuite, il accorde au juge le droit de décider que cette imputation n'aura pas lieu ; enfin, il déclare spécialement que pour la deuxième période de la détention, le juge perdra ce droit dans deux cas. Donc, en dehors de ces deux cas exceptionnels, c'est la règle générale qui s'applique : Imputation de plein droit de toute la durée de la détention préventive, si le juge n'a pas autrement décidé.

Les termes du deuxième paragraphe de l'article 24 sont, du reste, probants : « En ce qui concerne la détention préventive comprise entre la date du jugement ou de l'arrêt et le moment où la condamnation devient irrévocable, *elle sera toujours imputée dans les deux cas suivants...* » Il ne résulte pas de là que, en dehors de ces deux cas, cette seconde période ne sera jamais imputée. Au contraire, le rapport de M. Graux interprète le texte comme s'il était ainsi rédigé : « Elle ne sera jamais imputée que dans les deux cas suivants. »

Enfin, il y a dans le rapport de M. Graux, sur ce point, un peu de confusion et il paraît soutenir successivement les deux interprétations. En effet, nous lisons à la page 29 : « Mais si en dehors de ces deux hypothèses » (celle où le condamné n'a pas exercé de recours et celle où il a triomphé dans son recours), « dans le silence « du juge, l'imputation a toujours lieu de plein droit, sur quelle « période de la détention préventive doit porter cette imputation ? « Peut-elle porter sur la période antérieure au jugement ? *Doit-elle « porter seulement sur la période postérieure ?...* Le principe de l'im- « putation est désormais admis. *La détention préventive a évidemment « le même caractère dans la période qui précède le jugement que dans « celle qui précède l'irrévocabilité de la condamnation. Si l'imputation « est admise pendant la seconde période, aucune raison ne s'oppose « à son application pendant la première.* » Et plus loin, page 32 : « La volonté du législateur étant de généraliser le principe de l'impu- « tation de la prison préventive sur la durée de la peine, et cette « imputation devant avoir lieu sur les trois périodes successives de

« l'emprisonnement préalable..., si le juge n'a ni en totalité ni en
« partie privé le condamné du bénéfice de l'imputation, *cette impu-*
« *tation s'applique à la totalité de la détention préventive.* »

Ajoutons, pour terminer, une dernière considération. L'amendement
de M. de Casabianca ne fut adopté par la Commission que parce qu'il
élargissait encore le principe de l'imputation, parce qu'il rendait la
loi nouvelle plus libérale et plus douce. Or, interprété dans le second
sens, cet amendement aurait une tout autre portée, il restreindrait au
contraire l'étendue de l'imputation. En effet, pour toute la période
postérieure au jugement, il n'y aurait jamais imputation de plein
droit, et toutes les fois que le condamné échouerait dans son appel,
il perdrait par là-même le bénéfice de cette deuxième période
d'emprisonnement [1], tandis que d'après le projet primitif, la détention préventive tout entière s'imputait de plein droit sur la durée
de la peine. Un semblable résultat est inadmissible, car il est
manifestement opposé à l'intention de la Commission du Sénat.

22 *bis.* En résumé, le deuxième paragraphe de l'article 24 suppose que le jugement ou l'arrêt de condamnation a écarté l'application
du droit commun en décidant qu'il n'y avait pas lieu d'accorder le
bénéfice de l'imputation. Si, au contraire, le jugement ou l'arrêt n'a
rien dit sur ce point, il faut revenir à la règle et déduire de la durée
de la peine l'emprisonnement préventif dans son intégralité.

Nous supposons donc que les juges ont déclaré, par disposition
spéciale et motivée, que l'imputation ne s'opérerait pas en faveur du
condamné [2]. Il faut alors distinguer suivant le parti que celui-ci

---

[1] On pourrait nous objecter qu'avec notre interprétation le condamné ne man-
quera jamais de faire appel pour prolonger sa détention préventive, quand le jugement
n'aura rien dit, puisque la durée de cette détention s'imputera toujours. Mais il y
a un remède bien simple : le ministère public n'aura qu'à faire appel à son tour ou
à se pourvoir, et la Cour, ainsi saisie par le ministère public, pourra décider qu'il n'y
a pas lieu de déduire l'emprisonnement préalable de la durée de la peine. Du reste,
dans les législations étrangères qui, comme la Belgique et l'Italie, décident que
l'imputation est obligatoire, la déduction s'opère sur toute la durée de la détention
préventive, jusqu'au jour où la condamnation devient irrévocable.

[2] Si le juge a décidé dans la condamnation qu'il n'y avait lieu d'imputer qu'une
partie de la détention préventive, il ne peut pas y avoir de difficulté, car le jugement
détermine dans ce cas le moment où commence l'exécution de la peine.

prendra. S'il accepte la condamnation sans l'attaquer, la durée de sa peine commence à courir à partir du moment où elle a été prononcée. Il n'y a pas à s'occuper de l'appel ou du pourvoi qui ont pu être formés par le ministère public, ni de leur résultat, cela ne peut modifier la situation du condamné et empêcher la déduction.

Si c'est le condamné lui-même qui a attaqué la condamnation et s'il a réussi à faire diminuer la durée de la peine, l'imputation s'opère encore nécessairement. Dans ces deux cas, il y a nécessairement déduction de l'emprisonnement provisoire que le condamné a subi depuis la sentence jusqu'au moment où la condamnation est devenue irrévocable. Donc le juge n'a pu écarter l'imputation que pour la période de détention qui a précédé le jugement ou l'arrêt.

23. Reste une troisième hypothèse : le condamné a fait appel ou formé un pourvoi, mais il a échoué. Pour déterminer le point de départ de la peine, il faut alors se reporter à l'article 23 et décider, conformément à la règle qu'il pose, que ce sera le moment où le condamné est détenu en vertu de la condamnation devenue irrévocable.

S'agit-il d'un arrêt prononcé par la Cour d'assises, il n'y a qu'une voie de recours contre cette décision, c'est le pourvoi en cassation. Si donc le pourvoi du condamné est rejeté, la durée de la condamnation commencera à courir à partir du jour de ce rejet. Si maintenant le condamné a réussi à faire casser l'arrêt et a été renvoyé devant une autre Cour d'assises, mais que cette Cour prononce contre lui la même peine que la précédente, c'est seulement à partir du moment où ce deuxième arrêt deviendra irrévocable que la durée de la peine commencera à courir. Mais, dans ce dernier cas, bien entendu, pour que l'imputation ne se produise pas, il faudra que le second arrêt le dise expressément, sinon, s'il était muet sur ce point, on reviendrait au droit commun de l'article 24.

S'il s'agit maintenant d'un jugement du tribunal correctionnel, il peut être successivement déféré à la Cour d'appel et l'arrêt lui-même peut être attaqué devant la Cour de cassation. En pareil cas, la condamnation deviendra irrévocable du jour où le recours aura été définitivement rejeté.

24. Mais il peut encore se présenter d'autres situations plus com-

pliquées. Le condamné a fait appel ou a formé un pourvoi, et ensuite il s'est désisté. A partir de quel moment la durée de la peine commencera-t-elle à courir ? C'est une de ces questions délicates que soulevait le texte de l'ancien article 24 et que la loi nouvelle laisse subsister. On la résolvait de deux façons : les uns décidaient que le recours devait être tenu pour non avenu et qu'il fallait, en conséquence, compter la durée de la peine du jour où la condamnation avait été prononcée ; les autres soutenaient que le recours avait bien été formé, mais qu'il fallait le considérer comme rejeté du jour du désistement, et c'est à partir de ce moment qu'ils faisaient commencer la durée de la condamnation [1]. La Cour de cassation avait, par plusieurs arrêts, tranché un peu différemment la difficulté ; elle distinguait entre le désistement d'un appel et le désistement d'un pourvoi. Dans le premier cas, elle ne comptait la peine qu'à partir du désistement, tandis que, dans le second, elle considérait le pourvoi comme non avenu [2].

Aujourd'hui encore, ces divers systèmes peuvent être soutenus ; pourtant, je crois qu'il serait plus conforme à l'esprit de la nouvelle loi de décider, qu'en pareil cas, il faut agir comme s'il n'y avait eu ni appel, ni pourvoi et compter la peine à partir du jour de la condamnation. En effet, l'imputation de la détention préventive constitue le droit commun pour tous les condamnés.

Enfin, un dernier cas peut se présenter : le condamné a successivement fait appel et formé un pourvoi ; en appel, il a obtenu une réduction de peine, mais il a échoué devant la Cour de cassation. Faut-il imputer une partie de la détention préventive ou ne pas en tenir compte ? C'est une question qui reste controversée après comme avant la nouvelle loi [3]. On admet assez ordinairement qu'il faut déduire le temps qui s'est écoulé entre le jour de la première décision et celui de l'arrêt rendu par la Cour d'appel [4].

---

[1] Garraud, *Traité de Droit pénal*, II, p. 47 ; Blanche, I, nᵒˢ 128 et suiv.

[2] Cassation, 2 juillet 1852, S., 52, 1, 470 ; 26 … 1853, S., 53, 1, 459 ; 22 novembre 1855, S., 56, 1, 269.

[3] Pour la discussion, voir Garraud, *Traité de Droit pénal*, II, p. 49 ; Chauveau et Hélie, I, nᵒ 176 ; Blanche, I, nᵒ 126.

[4] Il peut encore se présenter d'autres complications, dans le détail desquelles il serait trop long d'entrer.

25. Il résulte de ces explications que le législateur, en décidant que dans deux hypothèses l'imputation serait absolument obligatoire, a fait renaître en partie les difficultés, les controverses, les distinctions compliquées que soulevait déjà l'ancien article 24. Il aurait peut-être mieux valu, comme le proposait M. Morellet, s'en tenir à la première rédaction. La loi nouvelle était assez généreuse pour la masse des condamnés; tant pis pour ceux, peu dignes d'intérêt, auxquels les juges auraient retiré le bénéfice de l'imputation. Que si on voulait cependant faire plus en faveur du condamné qui accepte sa condamnation ou triomphe dans son appel, il y avait un moyen plus simple, moins compliqué que celui qu'on a adopté. Le voici : nous supposons toujours, bien entendu, que le jugement a déclaré qu'il n'y avait pas lieu de faire l'imputation.

Le condamné peut prendre deux partis : ou attaquer la décision ou l'accepter. Or, il était inutile de s'occuper du premier parti, le droit commun suffisait. En effet, ou bien le condamné a échoué dans son recours et il ne mérite pas d'intérêt, ou bien il a réussi à faire diminuer la peine et, dans ce cas, la première décision disparaît, elle est anéantie ou du moins les magistrats apprécieront de nouveau s'il y a lieu de faire ou de refuser l'imputation. Si l'arrêt infirme le premier jugement et ne dit rien à ce sujet, la détention préventive s'imputera nécessairement en vertu du principe posé par l'article 24; mais les juges resteront libres de déroger à ce principe, s'il leur paraît utile de ne pas accorder la déduction, ce que, du reste, ils feront très rarement, puisqu'ils ont diminué la première condamnation prononcée.

Il suffisait donc de prévoir l'hypothèse où le condamné n'a pas attaqué la condamnation (en assimilant au besoin le cas où il s'est désisté de son recours) et de dire alors que le point de départ de la peine serait toujours le moment où cette condamnation a été prononcée.

26. Il reste à parler maintenant des deux derniers articles de la loi du 15 novembre[1]. L'article 2 déclare que la loi n'aura pas d'effet rétroactif. Pourquoi a-t-on inséré cette disposition expresse sur l'appli-

---

[1] Ces deux articles n'ont été ajoutés qu'après la première délibération par la commission du Sénat.

cation d'une loi qui, d'après le droit commun, paraîtrait au contraire devoir s'appliquer même au passé?

Voici l'explication qu'a donnée M. Morellet dans son rapport supplémentaire au Sénat :

Si, dit-il en substance, la loi nouvelle avait adopté purement et simplement le système de l'imputation obligatoire sans pouvoir d'appréciation pour le juge, il n'est pas douteux qu'elle devrait rétroagir et s'appliquer aux condamnés en cours de peine au moment de sa promulgation [1]. Si, au contraire, la loi n'avait admis l'imputation de la détention préventive qu'autant qu'elle aurait été expressément prononcée par le juge, il est certain qu'elle n'aurait produit aucun effet rétroactif, et n'aurait pas pu s'appliquer à des décisions antérieures qui ne pouvaient évidemment pas l'ordonner.

Or, le système adopté par la loi est un système mixte. L'imputation a bien lieu de plein droit, mais le juge peut l'écarter. A un tel système, il ne faut pas donner une application rétroactive, parce que « les condamnés du passé qui auraient la bonne fortune d'avoir leur « peine en cours d'exécution lors de la mise en vigueur de la loi « nouvelle, bénéficieraient tous de l'imputation intégrale, la plus « complète possible, alors que les individus condamnés sous le régime « nouveau pourraient n'en bénéficier que fort peu ou pas du tout ».

27. Ainsi la loi nouvelle ne produit pas d'effet rétroactif. Il n'y a pas lieu, par conséquent, de faire l'imputation de la détention préventive pour les condamnations définitives qui étaient en cours d'exécution au moment de la promulgation. Il n'en est pas de même, bien entendu, pour les individus déjà détenus mais non encore condamnés à cette époque, ceux-là profiteront certainement du bénéfice de la nouvelle loi. Ce n'est pas douteux, et le rapport de M. Morellet détermine d'une

---

[1] En effet, c'est une loi qui modifie l'exécution de la peine, puisqu'elle change la manière de compter la durée et reconnaît que le temps passé en prison préventive doit profiter au condamné; or, de semblables lois, en tant qu'elles sont plus favorables que celles qu'elles remplacent, s'appliquent aux condamnés en cours de peine au moment de leur promulgation. (Haus, *Droit Belge*, I, n° 192; Garraud, I, p. 191.)

façon bien explicite quelle portée d'application les rédacteurs ont entendu donner à l'article 2.

Restent alors les condamnations déjà prononcées au moment où la loi a été promulguée, mais qui n'étaient pas encore devenues définitives. Supposons qu'une semblable condamnation soit frappée d'appel. La Cour sera libre de déclarer qu'il y a lieu d'imputer la durée de la détention préventive, ou, au contraire, qu'il ne faut pas en tenir compte. Mais que décider si la Cour a simplement confirmé le jugement de première instance ou si, l'ayant réformé, elle ne s'est pas expliquée au sujet de l'imputation? Si le tribunal d'appel s'est contenté de confirmer la décision rendue par les premiers juges, je crois que la détention préventive ne devra pas s'imputer. En effet, les motifs donnés dans les travaux préparatoires à l'appui de l'article 2 ont toute leur valeur dans cette hypothèse. Au moment où les juges ont prononcé la condamnation, qui a été purement et simplement confirmée en appel, ils ne pouvaient pas statuer sur la détention préventive, puisque la loi n'était pas encore promulguée; donc, ils ne pouvaient pas user de la faculté que leur accorde cette loi d'écarter l'imputation. Par conséquent, si on décidait que la déduction de l'emprisonnement préventif doit se réaliser au profit de ces condamnés, ce serait une imputation obligatoire, forcée, sans que le juge ait pu l'empêcher.

Si, au contraire, la Cour d'appel a infirmé la première décision et statué à nouveau, mais sans parler de l'imputation, c'est la loi nouvelle qui doit s'appliquer, et la déduction s'opérera de plein droit conformément à l'article 24 actuel. Ici, en effet, il n'y a plus à tenir compte des arguments développés dans les travaux préparatoires. Les juges d'appel ont statué après la promulgation de la loi, ils étaient libres de refuser l'imputation au condamné.

28. L'article 3 de la loi du 15 novembre décide enfin qu'elle sera applicable à l'Algérie et aux colonies : « la loi nouvelle, toute d'humanité et de justice a, par sa nature même, un caractère universel. Elle doit s'appliquer partout où flotte le drapeau français. »

Cette disposition ne peut qu'être approuvée, d'autant plus qu'il résulte des statistiques criminelles qu'en Algérie la détention préventive est très fréquemment employée « en raison de l'état nomade de la population indigène et que la mise en liberté provisoire ne peut être que très rarement accordée ». (*Compte rendu de la justice crimi-nelle*, rapport, p. XLIII.)

29. Tel est le système très sage et très libéral que la nouvelle loi a adopté; c'est un grand remède aux inconvénients de la détention préventive [1].

II

Y a-t-il lieu d'accorder une réparation pécuniaire aux individus mis en état de détention préventive, qui sont acquittés ou renvoyés des fins de la poursuite par une ordonnance ou un arrêt de non-lieu ?

30. Il s'agit ici d'une question très grave qui, depuis longtemps, préoc-cupe les criminalistes et dont la solution pratique est difficile à trouver. Chez nous, elle est de nouveau à l'ordre du jour. Un projet de loi relatif aux indemnités en cas d'erreurs judiciaires a été voté par la Chambre, le 7 avril 1892, et transmis au Sénat. D'autre part, le gou-vernement a soumis cette proposition aux délibérations du Conseil d'État. Celui-ci, à la suite d'un excellent rapport de M. Jacquin, a élaboré, dans sa séance du 2 juin 1892, un contre-projet que le gou-vernement s'est approprié et a déposé, le 28 juin dernier, sur le bureau du Sénat [2]. Entre la proposition votée par la Chambre des

---

[1] La Chambre criminelle de la Cour de cassation a fait une première application de la loi du 15 novembre 1892, en cassant, le 13 janvier dernier, un arrêt de la Cour d'Orléans rendu le 20 décembre 1892. Un individu, condamné en première instance par un jugement qui n'avait pas écarté l'imputation de la détention pré-ventive, avait fait appel, et la Cour d'Orléans avait déclaré dans son arrêt que le temps de la détention préventive ne s'imputerait pas sur la durée de la peine. La Chambre criminelle a cassé cette décision, parce qu'elle aggravait la situation de l'appelant. En effet, lorsque la Cour est saisie par le seul appel du condamné, elle ne peut modifier le jugement que dans son intérêt et non à son préjudice. Or, la Cour d'Orléans avait enlevé au prévenu le bénéfice de la déduction qui s'était opérée en sa faveur par le seul fait que le jugement n'avait rien dit à ce sujet.

[2] *Journal officiel* du 17 décembre 1892, documents parlementaires. (Sénat p. 389).

députés et le contre-projet sorti des délibérations du Conseil d'État, il y a une différence qui est capitale au point de vue que nous étudions. Nous n'avons à envisager qu'un des côtés de cette importante question que les deux projets examinent dans toute son ampleur, dans toute son étendue. Il y a, en effet, deux situations bien distinctes :

Un individu, injustement poursuivi et accusé d'un crime ou d'un délit, est condamné par suite d'une de ces erreurs judiciaires dont le douloureux exemple se présente parfois. Cet individu a le droit de demander la revision de sa condamnation dans certains cas déterminés en dernier lieu par la loi du 29 juin 1867, articles 443 et suivants du Code d'instruction criminelle. C'est le cas le plus intéressant, le plus grave, car la découverte de semblables erreurs soulève une émotion générale, et la pitié publique réclame une réparation éclatante en faveur du malheureux qu'on a soumis à ces tortures. Sur ce point, chacun est aujourd'hui d'accord, chacun reconnaît que l'État a, sinon l'obligation, du moins le devoir, au nom de la solidarité sociale, d'intervenir et d'accorder à l'innocent une indemnité pécuniaire, faible compensation des souffrances qu'il a supportées.

En second lieu, un individu arrêté et ayant subi un certain temps de détention préventive, peut être relaxé à la suite d'une ordonnance du juge d'instruction ou d'un arrêt de non-lieu de la Chambre des mises en accusation, ou bien encore il peut être acquitté par la juridiction de jugement. A-t-il le droit ou tout au moins la faculté de demander réparation du préjudice que l'emprisonnement lui a causé, et de réclamer à l'État des dommages-intérêts, à la condition de prouver son innocence? C'est la seule hypothèse que nous ayons à examiner, la première est en dehors de notre sujet, et c'est précisément sur cette hypothèse qu'il y a divergence entre les deux propositions de loi.

Le projet voté par la Chambre reconnaît aux personnes injustement poursuivies et détenues la faculté de saisir dans certains cas la justice d'une action en indemnité. Au contraire, le Conseil d'État a repoussé toute cette partie du projet et a strictement limité la possibilité de l'allocation d'une indemnité aux cas où il y a eu revision d'une condamnation.

31. Voyons d'abord dans quelle mesure la Chambre des députés a consacré le principe d'une réparation pécuniaire, nous examinerons

après les arguments, les objections qui ont déterminé le Conseil d'État à rejeter ce principe.

A l'origine, le projet présenté à la Chambre avait exclusivement pour but de rendre possible la revision des condamnations dans tous les cas où il pouvait y avoir erreur judiciaire, et d'accorder des dommages-intérêts à la victime de cette erreur. Mais plusieurs amendements furent déposés, en particulier par M. Bovier-Lapierre, par M. de Ramel et M. Pontois, qui proposaient d'étendre aux personnes injustement poursuivies et acquittées le droit de demander une réparation pécuniaire. Après de longs débats, la Commission repoussa ces diverses propositions. Lorsque le projet vint en discussion, la question se posa de nouveau et l'on finit par voter la prise en considération des trois amendements et leur renvoi à la Commission. M. Pourquery de Boisserin présenta, au nom de celle-ci, un rapport supplémentaire qui admettait les conclusions de ces amendements, et le projet de loi, ainsi modifié, fut voté sans discussion, le 7 avril 1892 :

Addition à l'article 446 nouveau du Code d'instruction criminelle :

« Toute personne poursuivie pour crime ou délit et acquittée, toute personne arrêtée préventivement sous l'inculpation d'un crime ou d'un délit, dont l'instruction sera clôturée par une ordonnance ou un arrêt de non-lieu, aura la faculté de demander une indemnité qui pourra lui être accordée dans les cas suivants :

« 1° Lorsqu'une autre personne aura été définitivement condamnée pour le même fait, ou ne pourra plus l'être, conformément au deuxième alinéa du paragraphe 3 de l'article 443 ;

« 2° Dans les cas prévus par les paragraphes 3 et 4 de l'article 443 pour le faux témoignage[1] ;

---

[1] Article 443, I. C., modifié par le projet de loi : « La revision pourra être demandée en matière criminelle et correctionnelle, quelle que soit la juridiction qui ait statué et la peine qui ait été prononcée :

« 1° Lorsque, après une condamnation pour homicide, des pièces seront représentées, propres à faire naître de suffisants indices sur l'existence de la prétendue victime de l'homicide ;

« 2° Lorsque, après une condamnation pour crime ou délit, un nouvel arrêt ou jugement aura condamné pour le même fait un autre accusé ou prévenu, et que, les deux condamnations ne pouvant se concilier, leur contradiction sera la preuve de l'innocence de l'un ou de l'autre condamné ;

« 3° Lorsqu'un des témoins entendus aura été condamné pour faux témoignage

« 3° Lorsqu'il résultera de la décision mettant fin aux poursuites, que le fait ne constitue ni crime ni délit.

« L'action sera introduite, dans les trois ans du jour où le fait générateur du droit aura été connu de l'intéressé, par simple requête adressée à M. le Président du Tribunal ou de la Cour du lieu où l'arrestation se sera produite ; où l'ordonnance ou l'arrêt de non-lieu aura été rendu ; où l'arrêt d'acquittement aura été prononcé. »

32. Ainsi l'accusé traduit à l'audience et acquitté, l'inculpé mis en état de détention préventive et relâché sans être traduit en justice, peuvent demander une indemnité dans certains cas déterminés ; mais ils n'ont jamais un droit acquis à cette indemnité, même quand ils ont prouvé leur innocence : « il y a pour l'intéressé faculté de demander et pour le juge faculté de refuser. » Le Tribunal conserve toujours pleine liberté d'appréciation, il peut refuser la réparation, quoique l'innocence soit certaine, s'il estime que l'inculpé n'est pas indemne de toute faute, que par ses réticences, ou son imprudence, ou son défaut de moralité, ou pour toute autre cause, il s'est mis dans la situation de se faire soupçonner et arrêter.

D'autre part, les cas dans lesquels cette action en dommages-intérêts pourra être intentée sont strictement déterminés et limités, ils sont au nombre de trois : 1° l'accusé a été acquitté par le Tribunal ou la Cour et, plus tard, des documents, des témoignages nouveaux font découvrir le vrai coupable, et celui-ci est condamné ou, s'il ne l'est pas, c'est parce que la poursuite est impossible à cause de son décès, de son irresponsabilité, etc.; 2° l'accusé a été poursuivi et jugé sur les affirmations d'un témoin, mais le tribunal ou le jury ont hésité et,

---

contre l'accusé ou le prévenu ; le témoin ainsi condamné ne pourra être entendu dans les nouveaux débats.

« Dans ces deux derniers cas, le droit à la révision reste ouvert alors même que l'auteur signalé d'un délit ou d'un crime à l'occasion duquel a été prononcée une première condamnation ou que le témoin soupçonné de faux témoignage ne peuvent plus être poursuivis ou condamnés par suite de décès, de prescription, d'irresponsabilité pénale ou d'excusabilité ;

« 4° Lorsqu'un fait vient à se produire ou à se révéler, d'où paraît résulter la non culpabilité de celui qui a été condamné. »

,dans le doute, ils ont prononcé l'acquittement. Postérieurement, il est établi que le témoin a altéré la vérité, que son témoignage était faux ; une condamnation a pu intervenir contre lui de ce chef, mais elle n'est pas nécessaire ; 3° enfin, l'individu arrêté et détenu préventivement a été relaxé ou acquitté parce que son innocence était certaine, parce que le juge d'instruction ou le tribunal ont pu se convaincre qu'il n'était pas coupable de l'infraction pour laquelle il a été poursuivi. Par exemple, l'inculpé a prouvé l'alibi d'une façon indiscutable, ou bien il y a eu erreur d'identité, ou bien enfin il est démontré que le fait matériel reproché ne tombait pas sous l'application de la loi pénale. En pareil cas, l'ordonnance de non-lieu, le jugement ou l'arrêt ont pu constater l'innocence, et établir dans leurs motifs qu'il y avait eu erreur de droit ou de fait.

Telles sont les trois seules hypothèses dans lesquelles la demande de dommages-intérêts pourra être formée et réussir ; on en avait proposé d'autres devant la Commission, mais elle les a rejetées comme n'étant pas assez précises et dangereuses [1]. Dans ces trois cas, l'innocence de l'individu poursuivi est certaine, elle est bien et dûment établie, et pourtant, nous le répétons, il n'a pas un droit acquis à l'indemnité.

33. La réforme ainsi conçue, ainsi limitée, ne paraît pas bien révolutionnaire ni bien dangereuse, elle n'est que l'application d'une idée de justice et d'équité. Cependant, le contre-projet sorti des délibérations du Conseil d'État n'en a pas jugé ainsi, il a repoussé cette réforme et décidé que l'indemnité ne devait jamais être accordée lorsque les poursuites ont abouti à une ordonnance de non lieu ou à un acquittement. Quelles sont donc les objections qui ont déterminé le Conseil d'État ? Elles se trouvent exposées et longuement développées dans le rapport de M. Jacquin. Une aussi grosse proposition, dit-il en substance, constituerait une modification profonde de nos règles d'instruction criminelle, un bouleversement du mode de procéder de nos juridictions répressives. Il faudrait que toutes les ordonnances, tous les arrêts de renvoi, toutes les décisions d'acquittement

[1] Rapport supplémentaire de M. Pomquery de Boissetin.

s'expliquent sur ce point, « au risque de faire perdre à nombre d'accusés le bénéfice moral qu'ils trouvent aujourd'hui dans l'acquittement ». Ce serait créer « deux catégories d'acquittés, celui qui aura obtenu des dommages-intérêts et qui sera l'acquitté innocent, celui qui se les sera vu refuser et qui sera un acquitté coupable ».

Voilà, d'après le rapport, les deux grandes objections qui s'élèvent contre cette action en indemnité.

34. Mais ces objections ne sont peut-être pas décisives, et je crois que la réforme proposée par la Chambre des députés peut se défendre. D'abord, il ne sera pas nécessaire dans toutes les ordonnances, tous les arrêts de non-lieu ou tous les acquittements, de déclarer expressément pour quels motifs l'individu est relaxé ou acquitté. Le projet de loi n'entraîne pas cette conséquence, il dit que les juges pourront motiver leurs décisions, mais il ne les y oblige pas. Il suppose qu'ils ont constaté l'innocence de l'individu poursuivi, qu'ils en ont la preuve certaine et c'est alors seulement que les juges témoigneront de cette innocence dans le non-lieu ou dans l'acquittement. En dehors de ce cas, qui restera évidemment l'exception, les choses se passeront comme aujourd'hui.

Il est vrai qu'on a proposé de permettre à l'acquitté de demander lui-même par des conclusions expresses que la décision rendue s'exprime sur la question de non-culpabilité (amendement de Ramel), mais, dans ce cas, si la justice n'est pas suffisamment éclairée, elle se contentera de dire que l'innocence n'est pas certaine. Au surplus, est-ce que dans la pratique actuelle, les tribunaux correctionnels et les cours jugeant les appels ne motivent pas leurs décisions, est-ce que la Chambre des mises en accusation, quand elle rend un arrêt de non-lieu, n'a pas soin de déclarer pour quels motifs elle renvoie l'individu des fins de la poursuite ? Enfin n'arrive-t-il pas même que les ordonnances du juge d'instruction peuvent se trouver motivées, précisément quand la certitude de la non-culpabilité résulte des faits ou des témoignages recueillis ? Les articles 128 et 129 du Code d'Instruction criminelle décident que le juge peut déclarer qu'il n'y a pas lieu de poursuivre s'il est d'avis que le fait ne présente ni crime, ni délit ; rien ne l'empêche dans ce cas de le constater expressément dans l'ordonnance. De même, pour l'arrêt de non-lieu rendu par la Chambre des mises en accusation [1] (art. 229, I. C.). Il suffirait de généraliser cette pratique et de l'appliquer aux affaires jugées par la Cour d'assises, en décidant que le jury pourrait être spécialement interrogé, après chaque verdict d'acquittement, ou seulement lorsque l'acquitté le demanderait par des conclusions expresses, sur la question de savoir si l'innocence résulte des débats, ou bien encore que le président pourrait la constater d'office dans son ordonnance. Remarquons, du reste, que dans ce dernier cas, la déclaration d'innocence sera beaucoup plus rare, puisque l'individu a déjà subi une longue instruction, puisque la Chambre des mises en accusation, à son tour, a examiné la prévention et l'a jugée suffisante pour mériter le renvoi devant la Cour d'assises.

Donc, c'est seulement lorsque l'absence de toute culpabilité serait bien démontrée, bien évidente que les ordonnances ou arrêts de non-lieu et les acquittements auraient à se prononcer sur cette question, à constater qu'il y a eu erreur commise, que l'individu n'est pas le coupable ou que le fait incriminé ne constitue ni un crime, ni un délit. En dehors de là, les choses continueraient à se passer comme elles se passent aujourd'hui.

35. Mais on dit qu'avec cette façon d'agir on arriverait à créer deux catégories d'acquittés, l'acquitté innocent, l'acquitté coupable, et c'est la grande objection qu'on a toujours faite pour repousser l'action en indemnité. C'est peut-être exact, mais je ne vois pas où serait le mal. Quel inconvénient y aurait-il à préciser un peu la situation des individus que la justice a relâchés, à faire entre eux cette distinction? Parmi les acquittés des cours d'assises, il est certain qu'il y a beaucoup de coupables qui ont bénéficié de la clémence ou de la pitié du jury. Ceux-là n'ont pas le droit de se plaindre, ils s'en tirent

---

[1] Dans la pratique actuelle, les ordonnances des juges d'instruction constatent bien rarement l'innocence de l'inculpé, mais elles sont ordinairement motivées de deux façons distinctes : ou bien l'ordonnance déclare qu'il n'y a pas charge suffisante contre l'inculpé ; ou bien elle déclare que le fait incriminé ne constitue ni crime, ni délit. Cela résulte des statistiques publiées par le ministère de la Justice, qui distinguent parmi les affaires clôturées par des ordonnances de non-lieu celles qui ont été terminées pour l'une ou pour l'autre de ces deux raisons.

à bon compte et il n'est que juste de leur enlever le bénéfice d'une présomption d'innocence qu'ils ne méritent pas.

Donc pour ceux-là, je crois qu'il n'y a pas à s'en inquiéter. Mais pour ceux qui sont vraiment honnêtes, pour ceux qui peuvent sortir de la prison la tête haute, n'est-il pas juste de leur accorder plus qu'une simple sentence d'acquittement qui, dans l'état actuel de notre législation, n'est pas pour eux une satisfaction suffisante, et n'ont-ils pas le droit de demander, de réclamer une indemnité, et surtout la constatation officielle de leur innocence, ce qui sera pour eux le seul moyen d'effacer tous les soupçons?

Mais, dira-t-on, il reste les acquittés qui ont profité du doute, du défaut de preuves et qui, ceux-là, peuvent être aussi dignes d'intérêt, bien qu'ils n'aient pas eu le moyen d'établir leur non-culpabilité d'une façon irréfutable. Or, par le seul fait de la réforme proposée, vous les frappez injustement en les rangeant dans la catégorie des suspects, « la présomption d'innocence dont ils bénéficient sous la législation actuelle se retournera contre eux en une présomption de culpabilité ». Je ne crois pas que cet inconvénient se réalise. En effet, le cas où la décision renvoyant des fins de la poursuite ou acquittant établira expressément l'innocence de l'inculpé, restera toujours le cas exceptionnel et ordinairement les choses se passeront comme elles se passent aujourd'hui : la simple ordonnance de non-lieu, le simple acquittement auront la même signification, la même valeur, ou plutôt, ils seront un peu plus précis, ils signifieront qu'il y a doute sur la question de culpabilité. Il en sera de même devant le jury, surtout dans l'amendement de M. de Ramel, puisque le verdict ne s'exprimera sur cette question qu'autant que l'accusé en fera la demande expresse.

Il ne faut donc pas dire que le projet de loi créerait deux catégories d'acquittés : les acquittés innocents et les acquittés coupables ; ce n'est pas exact. Il y aurait bien deux classes d'acquittés, mais ce serait, d'une part, les acquittés dont l'innocence est certaine, de l'autre, les acquittés à propos desquels il y a doute, ceux qui ne sont ni innocents ni coupables. Donc la condition de la grande masse des individus renvoyés des fins de la poursuite ne serait pas modifiée, mais en même temps on améliorerait très sensiblement le sort de ceux qui ont été victimes d'une injuste accusation. Un semblable résultat mérite-t-il tant de reproches?

Au surplus, cette distinction que l'on redoute si fort entre les acquittés existe actuellement dans certains cas. Elle n'est pas possible, il est vrai, devant la Cour d'assises, parce que le jury ne doit répondre que par oui ou par non, mais devant le Tribunal correctionnel, devant la Chambre des appels, il n'en est plus ainsi ; les décisions sont motivées, et alors forcément, elles distinguent entre les divers acquittés. Pour les uns, le jugement ou l'arrêt se montre plein de clémence, il laisse entrevoir l'innocence ou du moins l'honnêteté de l'inculpé ; pour les autres, la décision est sévère, elle est presque une condamnation morale, il semble que les juges n'aient acquitté qu'à regret.

36. Enfin, et cette considération a sa valeur, quoi qu'on ait dit, dans l'état actuel de notre législation l'individu poursuivi sur la dénonciation, sur la plainte d'une autre personne peut, bien qu'il ait été acquitté, se voir refuser les dommages-intérêts qu'il réclame contre son dénonciateur. Je sais bien qu'il s'agit d'une action en responsabilité civile, en dehors de toute question de culpabilité, mais enfin que prouve ce refus d'indemnité ? Il prouve que le plaignant n'a pas commis de faute, qu'il n'a pas agi d'une façon irréfléchie ou téméraire. N'est-il pas certain que cet échec causera à l'acquitté un préjudice moral et laissera supposer qu'il n'était pas complètement innocent ; n'y a-t-il pas surtout une analogie frappante entre cette hypothèse et celle où, d'après le projet de loi, l'indemnité réclamée par l'acquitté lui aura été refusée?

37. On a fait encore une dernière objection : Quand le tribunal sera appelé à se prononcer sur la question d'indemnité, les débats s'ouvriront de nouveau sur l'affaire qui a déjà été jugée, on examinera une seconde fois les faits déjà discutés devant la justice. « Voyez-vous ce procès s'engageant, devant le tribunal correctionnel, entre le procureur de la République et le prévenu acquitté! Le juge d'instruction sera peut-être parmi les juges siégeant dans l'affaire[1]. » Le ministère public cherchera à prouver que si la poursuite a été

---

[1] Discours de M. Pourquery de Boisserin à la Chambre des députés (Séance du 5 janvier 1892).

intentée, s'il y a eu détention préventive, la faute en est au prévenu qui n'a pas su établir son alibi, qui n'a pas immédiatement dit la vérité.

Mais je ne vois pas pourquoi les choses se passeront autrement que dans toute poursuite correctionnelle ou criminelle; le ministère public combattra la demande de même qu'il soutient l'accusation quand il requiert l'application de la loi, l'avocat du demandeur sera là pour le défendre, pour soutenir ses droits. Cette objection est d'autant moins probante que, d'après le projet voté par la Chambre, l'affaire sera précisément portée devant le tribunal ou la Cour du lieu « où l'arrestation se sera produite, où l'ordonnance ou l'arrêt de non-lieu aura été rendu, où l'acquittement aura été prononcé ». Les magistrats ne seront-ils pas éclairés, avant même le procès, puisque ce sont eux qui ont prononcé l'acquittement; ne connaissent-ils pas déjà tous les détails de l'affaire, . savent-ils pas enfin à quel sentiment ils ont obéi en acquittant l'individu poursuivi?

Les difficultés d'application ne seraient donc pas aussi grandes qu'on veut bien le dire. Au surplus, ce sont là des considérations secondaires qui doivent s'effacer devant le grand intérêt que mérite le sort du malheureux injustement poursuivi. Si son innocence est certaine, si elle résulte évidemment des faits, ne lui doit-on pas cette consolation de pouvoir la faire constater aux yeux de tous, ne doit-on pas lui accorder cette réhabilitation morale qui ne résulte pas suffisamment aujourd'hui de l'acquittement pur et simple?

On peut ainsi justifier les solutions que la Chambre a consacrées par son vote, et, sans bouleverser nos institutions criminelles, accorder aux personnes renvoyées des fins de la poursuite ou acquittées, la faculté de demander une réparation pécuniaire.

38. Nous ne serions pas les premiers à entrer dans cette voie, et plusieurs législations étrangères nous ont déjà donné l'exemple[1]. En Bavière, la Chambre des députés a voté, en 1888, un crédit de

---

[1] La question de la réparation à accorder aux détenus et acquittés avait été déjà posée devant le Congrès des Sociétés Savantes de 1888. Voir Journal officiel du 25 mai 1888, p. 2137. Le Congrès pénitentiaire de Christiania (août 1891) s'en est également occupé, et s'est montré favorable à l'attribution d'une indemnité.

5,000 marcks pour indemnité aux personnes arrêtées sous la prévention non justifiée de crime ou délit[1]; en Suède, une loi du 12 mars 1886 admet encore le même principe[2]; en Danemark, une loi du 5 avril 1888 permet également de réclamer des dommages-intérêts quand il y a eu acquittement ou ordonnance de non-lieu; plusieurs cantons de Suisse, les cantons de Neufchâtel, de Vaud, de Fribourg ont adopté la même solution; enfin, dans d'autres pays, en Belgique notamment, des projets de loi ont été déposés dans le même sens.

39. Il resterait maintenant à déterminer les conditions d'application pratique de cette réforme, mais il nous suffit d'en avoir défendu et justifié le principe. Du reste, les moyens proposés et imaginés sont nombreux. Il semble que le projet de la Chambre ait suivi le meilleur, le plus simple. Quand l'ordonnance ou l'arrêt de non lieu ou l'acquittement auront été rendus contre un individu dont l'innocence sera manifestement démontrée, les magistrats devront motiver leur décision et accorder ainsi à la victime une première réhabilitation morale. Devant la Cour d'assises, il faudra donc, après le verdict d'acquittement, poser une question spéciale au jury sur l'innocence de l'accusé, ou bien laisser aux magistrats de la Cour le soin de la constater d'office dans l'ordonnance d'acquittement. Au besoin, cette question particulière pourrait être laissée à l'appréciation de l'accusé, qui devrait le demander expressément et prendre des conclusions spéciales à cet objet (amendement de M. de Ramel).

En dehors de cette hypothèse, l'action en indemnité ne pourra être intentée qu'autant que les circonstances postérieures établiront l'innocence de l'accusé, c'est-à-dire quand une autre personne aura été condamnée pour le même fait, et qu'il sera certain qu'il était le

---

[1] *Bulletin de la Société des Prisons*, 1888, pp. 375 et 492.

[2] Loi suédoise du 12 mars 1886, art. 1er : « Lorsqu'un individu aura été arrêté comme inculpé d'un délit et que la poursuite intentée contre lui aura été ensuite abandonnée ou que le prévenu aura été acquitté, il pourra lui être alloué ou, à son défaut, à sa femme ou à ses enfants, aux frais de l'État, une indemnité pour la suppression ou la restriction de ses moyens d'existence provenant de la privation de liberté qu'il a subie, s'il résulte de l'instruction que le délit pour lequel il a été poursuivi n'a pas été commis, ou qu'il a eu pour auteur un autre que le prévenu, ou que, de toute façon, il n'a pu être commis par lui et que, dans les deux derniers cas, il n'y a pas lieu de le considérer comme complice. »

seul coupable, ou lorsqu'un des témoins entendus dans l'affaire aura été condamné pour faux témoignage contre l'accusé ou le prévenu.

A qui faut-il, d'autre part, confier le soin de décider s'il y a lieu d'accorder une indemnité et d'en fixer le chiffre? Ce peut être, soit à l'autorité judiciaire, soit à une commission administrative spéciale ment désignée. Le projet a donné cette mission au tribunal ou à la Cour qui ont déjà connu de l'affaire et qui peuvent ainsi le plus faci lement réunir tous les renseignements utiles et apprécier exactement les causes du non-lieu ou de l'acquittement.

Enfin, il resterait à se demander si cette innovation n'imposerait pas une trop lourde charge à l'État. On peut limiter à l'avance cette charge, en fixant chaque année le chiffre maximum qui pourra être accordé et surtout en posant comme principe que l'indemnité ne devra jamais être que l'équivalent du préjudice matériel causé par l'arrestation et la détention, et la représentation pour ainsi dire des journées de travail perdues.

En résumé, la réforme proposée par la Chambre des députés cons tituerait une œuvre de justice et de générosité, et il ne semble pas que son application pratique doive entraîner de graves inconvénients, ni qu'elle soit aussi dangereuse qu'on l'a prétendu.

40. On a pu constater dans le cours de cette étude que l'arresta tion préventive était très-fréquemment employée, et on a dit souvent qu'il n'y avait pas chez nous un respect suffisant de la liberté indi viduelle. Les exemples sont nombreux de ces malheureux arrêtés sur de simples soupçons, détenus plusieurs jours ou plusieurs semaines et relâchés ensuite sans que la moindre compensation puisse leur être accordée. On en a cité beaucoup de cas dans la discussion à la Chambre, on a reproché aux commissaires de police, surtout dans les grandes villes, de décerner trop aisément des mandats de dépôt, sans s'inquiéter de savoir s'il y avait ou non flagrant délit. Si telle est la situation, si l'usage de la détention préventive est aussi fréquent, il faut au moins lui apporter des adoucissements, et remédier aux injustices qui en résultent nécessairement.

La question est du reste posée, la discussion est ouverte, et très prochainement le Sénat aura à se prononcer sur cette importante réforme et à choisir entre les deux systèmes contraires que la Chambre et le gouvernement lui ont proposés.

193

RED.:

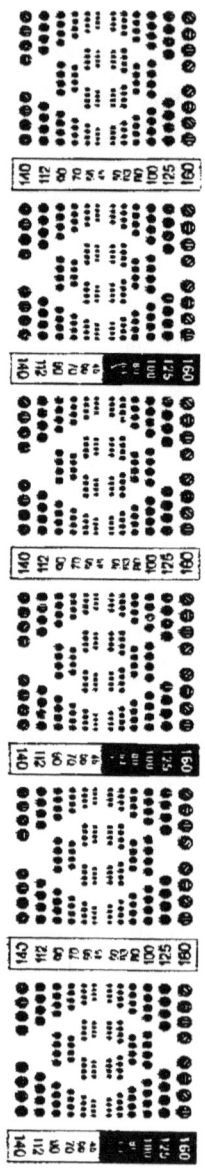

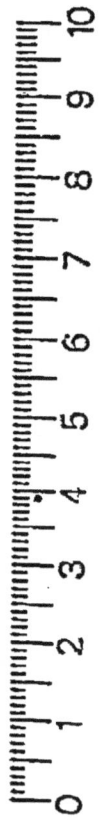

graphicom

19

www.ingramcontent.com/pod-product-compliance
Lightning Source LLC
Chambersburg PA
CBHW071340200326
41520CB00013B/3049